FOCO e CRIATIVIDADE

Dados Internacionais de Catalogação na Publicação (CIP)
(Câmara Brasileira do Livro, SP, Brasil)

Di Nizo, Renata
   Foco e criatividade : fazer mais com menos / Renata Di Nizo. – São Paulo : Summus, 2009.

   ISBN 978-85-323-0644-9

   1. Criatividade 2. Criatividade em negócios 3. Imaginação 4. Percepção 5. Personalidade I. Título.

09-04581   CDD-153.35

Índice para catálogo sistemático:
1. Criatividade : Motivação para mudança :Psicologia 153.35
2. Criatividade : Psicologia 153.35

Compre em lugar de fotocopiar.
Cada real que você dá por um livro recompensa seus autores
e os convida a produzir mais sobre o tema;
incentiva seus editores a encomendar, traduzir e publicar
outras obras sobre o assunto;
e paga aos livreiros por estocar e levar até você livros
para a sua informação e o seu entretenimento.
Cada real que você dá pela fotocópia não autorizada de um livro
financia o crime
e ajuda a matar a produção intelectual de seu país.

Renata Di Nizo

FOCO e CRIATIVIDADE

Fazer mais com menos

summus editorial

FOCO E CRIATIVIDADE
fazer mais com menos
Copyright © 2009 by Renata Di Nizo
Direitos desta edição reservados para Summus Editorial

Editora executiva: **Soraia Bini Cury**
Editoras assistentes: **Andressa Bezerra e Bibiana Leme**
Capa: **Alberto Mateus**
Projeto gráfico e diagramação: **Crayon Editorial**
Impressão: **Sumago Gráfica Editorial**

Summus Editorial
Departamento editorial:
Rua Itapicuru, 613 — 7º andar
05006-000 — São Paulo — SP
Fone: (11) 3872-3322
Fax: (11) 3872-7476
http://www.summus.com.br
e-mail: summus@summus.com.br

Atendimento ao consumidor:
Summus Editorial
Fone: (11) 3865-9890

Vendas por atacado:
Fone: (11) 3873-8638
Fax: (11) 3873-7085
e-mail: vendas@summus.com.br

Impresso no Brasil

A todos aqueles que
se debruçam com paixão
na arte de se reinventar...

Agradeço aos clientes e alunos da Casa.
Quero agradecer, em especial,
ao time da Unidade Leste da Sabesp,
que me ilumina de ideias. Todos e cada
um foram fonte de inspiração para a
realização deste livro.
Agradeço também às pessoas, ao acaso
ou escolhidas a dedo, que saltitam
na minha imaginação.
Aos meus editores, que me permitem dar
concretude às minhas ideias.

SUMÁRIO

PREFÁCIO 9

INTRODUÇÃO 11

1 FOCO 19

2 CRIATIVIDADE 49

3 DESENVOLVENDO A APTIDÃO CRIATIVA 79

4 A CRIATIVIDADE EM GRUPO 99

REFERÊNCIAS BIBLIOGRÁFICAS 117

PREFÁCIO

Lembro-me de quando conheci Renata Di Nizo, durante a apresentação de um diagnóstico realizado por sua empresa – A Casa da Comunicação. Ficamos perplexos com sua ousadia e assertividade ao trazer à tona temas que nos deixaram transtornados. Além de treinar a liderança, conduziu a formação de comitês com o intuito de nos engajar na prática da comunicação como ferramenta estratégica e, sobretudo, ética.

As ações implementadas em nossa unidade da Sabesp a princípio nos causaram estranheza. Eu confesso que tive dúvidas quanto ao alcance do seu trabalho, sobretudo porque os líderes de formação mais técnica relutam ou fogem do tema gestão/comunicação. Senti certo mal-estar, como se estivéssemos na contramão, enquanto éramos desafiados a alavancar um árduo e necessário processo de mudança. Em vez de foco em resultados a qualquer preço, agregar valor aos relacionamentos, valorizando o capital humano.

Realizamos uma viagem fantástica cujos frutos são visíveis até hoje nos corredores da empresa. Renata provou com seu corajoso trabalho que a comunicação interna não é apenas o fator crítico de sucesso nas organizações, mas também responsabilidade de todos.

Sua contribuição veio bem a calhar num momento em que entendíamos que não bastava a comunicação externa ser eficaz. Era preciso assumir que a comunicação é ferramenta gerencial e que somente alinhada a princípios éticos responde pela excelência dos resultados. E mais: reafirmamos nossa crença de que os assuntos relacionados a recursos humanos, qualidade e comunicação interna são estratégicos e devem caminhar juntos.

Ao ler os livros da Renata, encontrei a mesma habilidade que ela usa durante os treinamentos: linguagem simples e objetiva, além de exemplos reais sempre bem "encaixados", que tornam tanto a aprendizagem quanto a leitura extremamente prazerosas.

Fazer mais com menos. Eis o grande dilema das empresas. Queiramos ou não, o tema é incitante e nos põe a refletir.

Corte de despesas e de pessoal, aumento de vendas, eliminação de desperdícios etc. Decisões tomadas de forma radical pelos dirigentes, que muitas vezes nem sequer consultam os profissionais da área de recursos humanos para discutir e propor idéias que fujam do convencional. Como a comunicação pode nos ajudar a responder a tais questões? De que maneira pode nos auxiliar no processo de tomada de decisões?

Esta nova obra, ao tratar do foco, nos faz refletir sobre aspectos cruciais como a necessidade de fazer reuniões objetivas, usar os e-mails de forma apropriada, construir um bom relacionamento entre as áreas ou saber oferecer um feedback adequado. Questões de ética que Renata nos traz, incansavelmente, como reflexão e atitude.

Ao discorrer sobre a criatividade, o livro oferece outro "pulo do gato". As pessoas precisam dispor do direito de se expressar, de apresentar ideias e sugestões. A adoção de medidas discutidas e construídas pelos colaboradores, em minha opinião, tem uma probabilidade muito maior de "emplacar" do que aquelas tomadas isoladamente pela alta administração.

O livro deixa claro que cada um deve exercer seu papel, a fim de se garantir o equilíbrio entre a emoção e a razão. Discorre também sobre técnicas para o desenvolvimento da criatividade individual e em grupo.

Em suma, outro livro de Renata Di Nizo que incomoda e nos faz pensar. Mas certamente traz elementos que nos ajudam a responder à desafiadora e atual questão: como fazer mais com menos?

Dante Ragazzi Pauli
Superintendente
Sabesp – Unidade de Negócio Leste

INTRODUÇÃO

O LEMA "FAZER MAIS COM MENOS" impregnou a vida moderna. Em meio a complexidades e ambiguidades, urge não apenas ser mais ágil e criativo, mas garantir a confiabilidade nos negócios, nas empresas, nos relacionamentos. Trata-se de valorizar e levar a sério, todos os dias, a interdependência entre ética e criatividade como atitude individual e disciplina empresarial.

Afoitos, estamos sintonizados à velocidade tecnológica e à pressão de toda ordem: prazos estrangulados, incêndios regidos pela síndrome das urgências, reuniões improdutivas, metas visionárias e, algumas vezes, desestimuladoras – sem contar a caixa de e-mail atulhada – que convivem com a contraditória busca de resultados.

Nesse cenário, assistimos perplexos às demissões em massa e à bancarrota do sistema financeiro nos Estados Unidos, enquanto no Brasil um leigo não sabe em que proporção a crise mundial vai afetar sua segurança no trabalho.

A verba destinada à propaganda e aos treinamentos foi reduzida ou suspensa em muitas empresas. Algumas corporações, todavia, com visão arrojada de futuro, em vez de cortar custos concentram-se em aumentar o faturamento e investem em ousados programas de educação em comunicação, qualidade e inovação.

Os grandes pensadores da administração já vislumbravam, na virada do século XXI, o papel da inovação como competência gerencial. Noel Tichy e Eli Cohen (1999, p. 25), por exemplo, enfatizaram que o grande desafio é "destruir e reconstruir repetidamente as organizações". Isso é válido para o profissional moderno, que também necessita "abandonar velhas ideias, velhas maneiras de fazer as coisas, e adotar outras novas e melhores" (p. 25). Enfim, em vez de reestruturar o antigo, é essencial criar o novo e – o que é mais provocador – em conjunto.

Não há tempo para o show de vaidades ou egocentrismos que, ainda assim, abunda. As regras do jogo estão claras: a força provém da arregimentação de um time que, na hora de fazer mais com menos, supere as expectativas com espírito inovador e atitude de qualidade.

DO CULTO À IMAGEM AO DA QUALIDADE

Nas últimas décadas, a febre de cursos de especialização promoveu a corrida do conhecimento. Quando os profissionais com sólida formação acadêmica chegavam à empresa, os executivos à moda antiga, com experiência calcada mais na prática que nos estudos, sentiam-se obrigados a voltar para a universidade. Em alguns casos hilariantes, diploma demais causava embaraço em processos seletivos. Afinal, os funcionários não podiam dispor de um currículo acadêmico mais avantajado do que seus líderes.

Fazer mais implicava incorporar a imagem do *workaholic*, viciado em trabalho 24 horas por dia (movido pelo pavor do fracasso). Até hoje, executivos focados em resultados – algumas vezes a qualquer preço – continuam impingindo nas equipes um ritmo delirante. O estresse e o sedentarismo se tornam inevitáveis, com doenças como depressão e síndrome do pânico convertendo-se em algozes.

O arsenal do culto à imagem e o vale-tudo para atingir metas demonstram os sinais da frágil saúde corporativa. É fato: a qualidade de vida se transformou em mito moderno, e o perfil do líder precisou humanizar-se.

Inevitavelmente, o tripé Qualidade, Recursos Humanos (RH) e Comunicação colocou os pingos nos is: a sinergia que move as artérias organizacionais depende de gestão humana; a comunicação é reconhecida como ferramenta gerencial; os benefícios ainda maiores da comunicação integrada, por sua vez, comprovaram-se; os programas de qualidade se tornaram essenciais.

Na realidade, mesmo diante de consideráveis avanços, o diagnóstico, em diversas empresas, ainda aponta as velhas barreiras de comunicação, os entraves de relacionamento, a inexistência de valores básicos e essenciais – como espírito de equipe, respeito, diálogo –, como se verá mais adiante.

Por isso, não é de estranhar que tantos esforços fracassem. O indivíduo é movido à paixão pelo que acredita, desestimulando-se quando não há valorização humana. Temos de aprender a criar um sentido coletivamente. Isso exige foco.

QUESTÃO DE FOCO

A COMPETITIVIDADE ESTÁ cada vez mais acirrada. São inevitáveis as horas de planejamento, ainda que a maioria das pessoas não consiga colocar em prática a famigerada administração do tempo (e do próprio estado de ânimo). O cronograma e a agenda parecem perfeitos, mas alguma coisa acontece e passamos de um assunto a outro sem dar a atenção devida ao que é essencial.

Os sintomas de dispersão demonstram a falta de foco: começar muitas coisas sem concluí-las, amontoar pendências e necessidades pessoais não atendidas, queixar-se dos rodeios nas reuniões intermináveis e da troca improdutiva de e-mails etc. Esses sintomas afetam a rotina e os processos, interferindo não apenas no desempenho individual como também no resultado das equipes.

Sem foco, as reuniões vão continuar a patinar. Da mesma forma, se o relacionamento interpessoal não for privilegiado, a comunicação continuará a ser o tendão de Aquiles das empresas. Em suma, tudo depende de propósitos claros, da habilidade de foco intrínseca à atitude de qualidade.

Por outro lado, ninguém mais deseja passar doze horas dentro de um escritório e levar trabalho para casa. Ao mesmo tempo, sofisticados celulares e laptops, bem como a febre das novas ferramentas, a exemplo do miniblog Twitter, mantêm todos conectados em tempo integral. A opulência tecnológica imprime, de certa forma, velocidade e agilidade que se transformam em valores. Dessa vez, entretanto, o desafio é não perder de vista a excelência dos processos, das relações, da vida.

Ao homem moderno só resta romper velhos paradigmas e aprender decididamente a ter domínio sobre sua atuação, desenvolvendo uma mente focada e criativa.

A CRIATIVIDADE EM EVIDÊNCIA

O TEMPO TORNOU-SE MAIS ESCASSO, é preciso resolver tudo com objetividade. Em nome da honestidade, contudo, deve-se admitir que, em certos momentos, diante de armadilhas e contradições, o mecanismo lógico prova sua ineficácia. Para o escritor Guy Aznar (2005, p. 3), o papel da criatividade é justamente complementário ou substituto: "Se a criatividade possui uma função, é complementando a lógica, ou no seu lugar, ou ainda quando ela entra em pane [...]. A criatividade intervém no momento em que estamos diante de uma contradição, de um problema insolúvel".

Quando é preciso tomar decisões analíticas, o melhor é, sem dúvida, recorrer ao pensamento consciente, racional. Por outro lado, para lidar com questões mais complexas é necessário ativar o inconsciente, responsável pelos insights e pelas ideias originais. São aqueles momentos em que uma ideia instantânea, guardada no subconsciente, encaixa-se perfeitamente e resolve os problemas com sucesso.

Vale lembrar que muitas abordagens sobre criatividade enfatizam o processo individual do ponto de vista comportamental, psicológico e analítico. Pouco se sabe a respeito das bases sociológicas da criatividade em grupo. Resta investigar de que maneira e em que medida é possível estimular a criação de melhores estratégias para o desenvolvimento do potencial criativo das equipes.

Domenico de Masi escreveu uma obra singular, *Criatividade e grupos criativos*. Para ele, as empresas pecam em não administrar a miopia que barra ideias e inviabiliza sua conversão em prática. Por conseguinte, a frustração sistemática baixa o grau de criatividade, considerada "mais como uma perigosa divagação do que como um recurso precioso" (De Masi, 2002, p. 565).

Tal como se verá no capítulo 2, o devaneio não é perda de tempo. Ao contrário, abre as portas ao imaginário e a soluções surpreendentes. De fato, a miopia não está somente na inviabilização das ideias, mas, sobretudo, em não privilegiar a criatividade na formação dos líderes. Não é por acaso que, entre os treinamentos oferecidos pela Casa da Comunicação, os menos solicitados sejam justamente os de gestão de mudança e criatividade.

De Masi afirma ainda que, de certo modo, o indivíduo criativo está sempre pronto para se abandonar à imaginação e dar trégua ao racional, aos esquemas usuais e às soluções simples. Já nos grupos, a racionalidade parece contagiosa e inibidora.

A racionalidade, no entanto, também afeta o indivíduo, quando ele acredita que, para fazer mais com menos, depende apenas de objetividade e deixa de incentivar a intuição. Haja vista que apenas quem é considerado criativo mantém um alto padrão de inovação.

Para muitas pessoas, entretanto, é difícil ousar ser diferente, transgredir as obviedades, a rotina de fazer e olhar as coisas da mesma forma. As equipes, por sua vez, não são encorajadas a desenvolver o potencial de geração de ideias. Os líderes começam, de modo tímido, a perceber que cabe a eles a atitude inovadora que lidere pelo exemplo.

Recorrendo a De Masi (2002, p. 593), cabe aqui ressaltar o papel da liderança:

E aqui entra em jogo a função do líder, que deve ser capaz de infundir no grupo tanto entusiasmo que neutralize esse excesso de racionalidade inibitória, transformando-a em liberdade de pensamento e de expressão, inclinação a falar e a ouvir, jogo, interação afetiva recíproca, profunda adesão ao objetivo comum, intensa fé na missão que o grupo deve perseguir. Em suma, multiplicação de inconscientes e lógicas, graças à ressonância de almas e cérebros comprometidos na mesma participação criativa.

É preciso dar atenção ao que de fato importa: estimular a expressão criativa; incentivar um clima participativo, aberto a novas e melhores ideias; desmistificar a criatividade relegada só às mentes brilhantes – afinal, todo mundo pode (e deve) pensar criativamente. Tampouco bastam boas ideias. Elas precisam ser trabalhadas com esmero e aplicadas com determinação. Daí a importância da parceria entre foco e criatividade.

A PROPOSTA DO LIVRO

Conforme aprofundaremos em outro momento, as pessoas não querem se submeter aos resultados a qualquer preço. Por isso anseiam tanto por feedback, que demanda não apenas foco, mas, em particular, princípios éticos norteadores. Desejam também reuniões produtivas, que, além de foco, requerem ferramentas de condução eficazes.

De fato, o que faz toda a diferença é extrair das pessoas aquilo que é latente, em processo de educação permanente. É imprescindível, por conseguinte, desburocratizar tudo que impeça a espontaneidade, garantindo assim um clima entusiástico em prol de respostas inovadoras e do desenvolvimento de potencialidades.

O primeiro capítulo deste livro aborda a importância do foco e mostra como aplicá-lo no ambiente organizacional. O segundo capítulo aborda as etapas do processo criativo, os sabotadores e os facilitadores da criatividade. O terceiro traz sugestões para estimular a aptidão criativa individual. O último capítulo, por fim, propõe técnicas para a geração de ideias em grupo, inclusive em reuniões de trabalho.

Fazer mais com menos demanda constância e diligência, empenho em favorecer condições favoráveis ao aprendizado coletivo do foco e da criatividade. Exige, sobretudo, atitude de qualidade.

Boa leitura!

1 FOCO

FOCO É VALOR

VOCÊ LEVANTA APRESSADO, escolhe uma roupa, toma o banho e o café da manhã, muito provavelmente pensando nas pendências do dia. Corre o risco de chegar ao trabalho sem perceber o trajeto, agindo de maneira inconsciente. "Sempre que age por impulso ou por condicionamento, você está no seu piloto automático. Faz coisas sem prestar atenção no efeito que produz a si mesmo e aos demais" (Di Nizo, 2007a, p. 22).

Pode representar uma tendência ou um padrão habitual de dispersão. Isso significa, entre outras coisas, dificuldade em atender às necessidades pessoais e em perseverar nos objetivos. Assim, se tiver problemas de falta de foco, aumentam as chances de se distrair com frequência. Você fica em segundo lugar e, em decorrência, sabe que está em falta consigo mesmo. Pior: o acúmulo de insatisfações mina sua vitalidade.

Segundo o escritor grego Stylianos Atteshlis, "achamos difícil deixar de lado nossas preocupações, nossos temores e nossas dúvidas. Somos contaminados por distrações e, frequentemente, incapazes de juntar vontade suficiente para vencer toda resistência" (Atteshlis, 1994, p. 125). Se não formos capazes de reunir esforços para cuidar da relação que estabelecemos com a própria vida, há grandes chances de reproduzirmos a mesma desatenção nas relações interpessoais.

A atitude de qualidade, por sua vez, demanda um estado de alerta em observação, como um turista quando chega a um lugar desconhecido. Esse olhar de descoberta, próprio da criatividade, exige usar os sentidos com a vivacidade natural da criança que pesquisa o entorno. Ao prestar atenção nas coisas e em si mesmo, é possível desenvolver uma percepção acurada e detalhada e, como consequência, focar a mente.

Algumas atividades propiciam o exercício da atenção concentrada que resulta, naturalmente, em foco. Alguns exemplos: trabalhos manuais, artes plásticas, teatro, ioga, meditação, artes marciais, diagramação, leitura atenta, entre outras. Toda vez que executa uma tarefa simples como comer, rezar, digitar ou ler um e-mail, concentrando a atenção, você exercita o zoom na tela mental, obrigando-se a pensar apenas naquilo que está fazendo.

Essa mesma habilidade de foco é necessária para atingir metas. Requer tanto flexibilidade para readequar o planejamento quanto firmeza para dedicar tempo ao que é importante. Você tem de cumprir tarefas e, ao mesmo tempo, lidar com estímulos externos que incitam a dispersão. Muitos são os fatores, internos (alterações de humor, cansaço) e externos (urgências, conflitos), que podem dispersá-lo. Basta um segundo para que sua vontade enfraqueça e você se desvie.

Dá muito trabalho sustentar a prática de um ideal, manter-se firme, sabendo driblar os contratempos e o próprio desânimo. Conforme mantém o foco, passo a passo, você percebe que superou algumas etapas e que vale a pena reunir os esforços. Acima de tudo, acaba descobrindo um sentido maior em galgar novos patamares que representam, no mínimo, a superação dos próprios limites.

Se você tem um propósito claro, é mais provável que se comprometa com seu tempo, sua energia, sua capacidade de dar concretude aos ideais ou projetos. É preciso, então, ratificar o foco, minimizando os fatores desestimulantes e responsáveis pelo descuido, pela repetição de erros ou pela tendência de permanecer à deriva.

O mesmo acontece nas empresas, quando a energia das pessoas se dissipa em várias direções. Elas pulam de uma urgência a outra, os esforços concentrados se diluem, acumulam-se os desperdiçadores de tempo, persistem os planejamentos inadequados. Enfim, o sentimento de estar sem rumo ou sem elã acaba desmotivando as equipes, além de ser responsável pela alta rotatividade ou pela dificuldade na retenção de talentos.

Segundo o escritor australiano Ken O'Donnell, o que falta nas organizações é foco (O'Donnell, 2006, p. 115). Ou seja, o potencial e as oportunidades dependem de quanto as pessoas partilham de objetivos e propósitos claros, suficientemente mobilizadores.

Para ele, qualquer transformação pessoal ou organizacional depende da relação intrínseca entre o foco, a vontade motivacional e as capacidades inerentes dos indivíduos. Por isso, O'Donnell afirma que não basta ter como meta aumentar a produtividade ou reduzir os gastos. O importante é a empresa levar a sério em sua missão o objetivo de atender às aspirações humanas. "Criar um ambiente mais saudável e sustentável, ou mesmo uma vida melhor para os funcionários e suas famílias, não apenas deixará clara a direção dos esforços, como também incentivará o que houver de melhor nas pessoas. Os valores individuais e organizacionais estarão alinhados" (O'Donnell, 2006, p. 117).

De fato, quando as pessoas se sentem fazendo parte de um time, participando de algo maior, que dá sentido ao trabalho, elas se comprometem integralmente. Basta ver os resultados de um bom treinamento de integração, no qual as pessoas avivam os valores éticos e ressignificam sua missão. Em suma, em vez de fazer mais com menos a qualquer preço, o desafio é privilegiar a atitude de qualidade que humaniza as relações.

Como veremos adiante, a falta de ética também desmotiva as equipes. A ausência de foco, por sua vez, desperdiça potencialidades, para dizer o mínimo. Por essa razão, é primordial desenvolver a atenção concentrada e mobilizar uma vontade ferrenha, capazes de lidar com contratempos e múltiplas exigências em prol de um objetivo maior.

A LINHA TÊNUE DO FOCO

Dificilmente as empresas vão saciar o afã pela objetividade sem que as pessoas desenvolvam foco. O primeiro capítulo do meu livro *A educação do querer* (2007a) é dedicado à educação da atenção e discorre sobre os tipos de atenção e os sintomas de dispersão que influenciam, por exemplo, a autoexpressão.

Diga a uma pessoa que seja objetiva e ela não será, se não sabe funcionar de outra forma. Essa é a razão pela qual muitas reuniões patinam. Não adianta, tampouco, desejar que uma pessoa detalhista seja clara. Para ela, clareza implica detalhes.

Do mesmo modo que o estilo lacônico e conciso de falar ou escrever pode ser resultante de rigidez mental, a prolixidade e as conversas difusas podem ser decorrentes da dispersão mental.

A mente tende a vaguear no passado ou no futuro, abrindo múltiplas janelas, enquanto é bombardeada por associações simultâneas que a obrigam a pular de galho em galho. A pessoa começa a narrar um acontecimento, abre um parêntese porque se lembra de algum detalhe e assim sucessivamente. O problema é que se perde nos temas paralelos e acaba desviando a atenção, algumas vezes a ponto de esquecer o assunto principal.

A pessoa que tem foco, por exemplo, pode ser interrompida durante uma palestra e será capaz de retomar o fio da meada. Mesmo diante de imprevistos, ela continua a fazer conexões e sínteses, com extrema naturalidade, mantendo um eixo central.

Outro bom exemplo de dispersão é o caso das pessoas que são excelentes geradoras de ideias, mas raramente conseguem colocá-las em prática (ver "Dispersão", na página 65). Elas desperdiçam o turbilhão criativo pois lhes falta, sobretudo, a capacidade de transformar o pensamento original em ação. Em suma, sem foco é difícil perseguir um propósito e lutar por ele.

A habilidade da atenção concentrada, entretanto, não significa que se deva privilegiar o racional. Embora inúmeras vezes seja possível encontrar soluções inovadoras partindo de um itinerário lógico, em outras ocasiões, ao contrário, somente o estado difuso da mente é capaz de oferecer sugestões surpreendentes para tomadas de decisões.

Se o foco é descobrir perspectivas inusitadas, deve-se explorar o inconsciente e permitir os devaneios da inspiração. Eles são em grande parte ilógicos, responsáveis por inúmeras proposições que deverão ser submetidas, posteriormente, a uma triagem racional. Esse devaneio, contudo, nada tem que ver com dispersão. Representa, antes, uma etapa fundamental do processo criativo. Não obstante, em prol da praticidade, o julgamento prematuro acaba por inibir o jorrar de ideias.

Não basta uma grande ideia. Como se poderá constatar no próximo capítulo, é essencial aliá-la à tenacidade para que seja colocada em prática. Afinal, nenhum projeto audacioso se realiza sem a habilidade de concentração em um objetivo. Toda inovação requer manter acesos a paixão e o caldeirão da criatividade, sustentando o foco ao mesmo tempo.

A verdade é que seria desejável saber extrair o que há de melhor e peculiar em cada pessoa e a cada circunstância. As reuniões, por exemplo, seriam conduzidas de acordo com a pauta, sem perder o foco, dosando e usando recursos pertinentes – do processo criativo ou lógico, mas cada um a seu tempo.

CHEGA DE REUNIÕES IMPRODUTIVAS

DE ACORDO COM UMA PESQUISA publicada, em 2006, no *Journal of Applied Psychology*, realizada por Steve G. Rogelberg *et al.*, o nível de insatisfação no trabalho aumenta quanto maior for o número de reuniões. Em um levantamento da Microsoft com trinta mil pessoas ao redor do mundo, 65% dos entrevistados alegam que as reuniões não são produtivas. Dentre os motivos estão a falta de objetivos claros e a dificuldade de comunicação da equipe, uma prova de que usar reuniões como ferramenta de comunicação é um erro. Nos Estados Unidos, em particular, o número de empregados que acham reuniões uma perda de tempo sobe para 71% ("Oito dicas contra reuniões improdutivas", 2007).

Nossa realidade não é diferente. O excesso de reuniões improdutivas denota ausência de foco, o qual implicaria: respeito ao início e ao término, definição de pauta e do tipo de reunião (informativa, avaliativa, de tomada de decisão, entre outros), método de condução e, no mínimo, clareza nos objetivos a alcançar.

A convocação peca por não explicitar o que se pretende atingir e, muitas vezes, envolve pessoas que desconhecem por que razão foram convocadas. Às vezes, nem se sabe quem são as demais pessoas envolvidas. Falta, em algumas ocasiões, uma firme condução permeada de valores como o respeito mútuo, a tolerância e a qualidade na comunicação.

As reuniões informativas, que pretendem colher ou fornecer informação, não podem resolver pendências entre profissionais ou entre áreas. Algumas poderiam até ser evitadas por meio de uma comunicação interna eficiente. Nesse caso, seria preciso que as pessoas saíssem da zona de conforto em busca de informação. Mas, se as reuniões informativas têm sua razão de ser, é primordial que cumpram à risca os objetivos a que se destinam. Da mesma maneira, uma reunião de tomada de decisão não deve desvirtuar seu propósito.

Urge substituir o show de vaidades e a disputa de opiniões por um espaço de geração coletiva de ideias. Em vez de sucumbir à passividade ou à crítica pela crítica, cuidar dos excessos cometidos: celulares, interrupções inadequadas, desvios de rota, conversas paralelas, bocejos ou gracejos, falta de postura etc.

Já que todo mundo vive insatisfeito com o excesso de reuniões improdutivas, cada um precisa fazer sua parte a fim de torná-las mais focadas e criativas.

FOCO EM REUNIÕES

Existem diversas técnicas que podem ser utilizadas na condução de reuniões (ver "Reuniões criativas", página 109). O importante não é a técnica pela técnica, afinal todas elas têm sua eficácia comprovada. O que faz diferença é extrair de cada participante e, sobretudo, do conjunto proposições positivas.

As reuniões costumeiras estão longe de ser eficazes. Por um lado, privilegiam-se indiscriminadamente as discussões intermináveis, baseadas no raciocínio convergente ou no *brainstorming* realizado às pressas; por outro, faltam regras claras de trânsito e técnicas de condução que otimizem os resultados.

Ao definir métodos ou sistemas, a reunião, além de ser mais produtiva, fornece bases sólidas para o trabalho em equipe. Mediante um fio condutor, as pessoas são requisitadas a contribuir, concentrando os esforços em cada etapa.

As intervenções, por seu turno, são reguladas de maneira democrática, evitando a monopolização da fala. Enquanto as pessoas prolixas passam a respeitar os critérios preestabelecidos, as mais tímidas terão espaço para compartilhar suas impressões.

As técnicas de criatividade exigem a mudança de posturas que costumam cristalizar-se ou polarizar-se em um único ponto de vista.

Em vez de cada um aferrar-se às suas ideias, pode ser impelido a mudar de perspectiva. Um bom exemplo é a técnica dos seis chapéus (ver página 110), em que cada participante, no lugar de defender as próprias opiniões, trabalha as múltiplas facetas de cada personagem (ou chapéu), atacando com convicção e defendendo veementemente a mesma ideia.

Um método participativo minimiza, igualmente, posturas como a daquelas pessoas que se mantêm à margem, tão preocupadas com as pendências que nem sequer contribuem com críticas construtivas. Da mesma maneira, as pessoas "do contra" poderão aprender a positivar suas críticas.

Cada ideia, por exemplo, pode ser submetida a uma bateria de críticas com o intuito de ser aprimorada. Em vez de julgamentos que minam a criatividade, o grupo pensa, em conjunto, nos motivos que poderiam conduzir ao fracasso. Desse modo, elaboram a proposta inicial de maneira mais consistente e completa, atenuando as chances de erro (ver "*Brainstorming* negativo", página 114).

Há, em igual proporção, as pessoas mais criativas, às vezes prolixas, que quando tomam a palavra inquietam os mais afoitos e, mesmo sem perceber, deixam de ser ouvidas. Esse problema também é minimizado, porque, no lugar de dar ênfase à ideia individual, o desafio é engendrar, coletivamente, soluções inovadoras. Sem contar que suspender as interpretações, permitindo que as pessoas se expressem de modo livre, pressupõe certo grau de maturidade (individual e grupal).

Cabe ao facilitador discernir quando as intervenções fogem da pauta. Nesse caso, são recomendáveis perguntas diretas que direcionem o foco. Os devaneios só devem ser admitidos no momento da geração de ideias, diferentemente da pura dispersão que desvia o propósito para tratar de assuntos que não são, em absoluto, pertinentes.

Cabe, sobretudo, ao facilitador sustentar o foco, ou seja, jamais perder de vista os objetivos da reunião, usar o tempo com parcimônia e exatidão, ser firme na condução, respeitar as pessoas e as regras do jogo, criando um clima participativo e criativo.

A palavra de ordem é, portanto, corresponsabilidade na atitude de qualidade: qualidade na escuta, na troca de ideias, nas perguntas, na administração do tempo, na visão dos objetivos a perseguir.

Vale enfatizar que o que acontece durante as reuniões diz respeito ao modo de as pessoas se comunicarem umas com as outras. O compromisso de fazer mais com menos compete não apenas ao facilitador, mas a todos. Assim, a reunião precisa extrair do conjunto a soma dos talentos. Juntos, somos mais quando há foco e criatividade.

RECOMENDAÇÕES PARA REUNIÕES PRODUTIVAS

O primeiro passo é estabelecer, em decisão compartilhada, qual método ou sistema de condução de reuniões a empresa adotará.

O segundo passo é ponderar, para cada reunião, se ela é realmente imprescindível. Menos é mais quando se pretende fazer mais com menos.

A premissa de que qualquer profissional deve priorizar a construção de relacionamentos de confiança, a prática de feedback e a disseminação de informação e conhecimento, por si só, evita reuniões desnecessárias.

Algum workshop de foco e criatividade, em grupo ou individualmente, ensejará a educação da mente para manter-se focada no que está fazendo, qualquer que seja a atividade. Incluindo, nessa medida, reuniões, seja de que tipo forem.

Outro fator que contribui para reuniões mais produtivas é incorporar, no cotidiano, quebras de rotina que desenvolvam a aptidão criativa (ver capítulo 3).

É necessário, também, sensibilizar os líderes e as equipes sobre a importância de atualizar o formato das reuniões. Tudo depende da atitude de qualidade. Mudanças culturais levam tempo. A formação de um comitê de reunião pode ser o embrião de um processo de mudança.

A seguir, alguns aspectos que, de modo geral, devem ser contemplados em cada reunião.

> **ANTES**
- Definição do tipo de reunião, dos participantes, da pauta, do tempo de duração e dos resultados pretendidos.
- Formação de grupos pequenos, no caso de reuniões de tomada de decisão ou de geração de ideias. As reuniões informativas podem ser minimizadas, desde que se estimule o acesso participativo aos canais de comunicação interna.
- Convocação antecipada, especificando:
    - o condutor/moderador da reunião;
    - os participantes (cargos, se for uma reunião interna; cargos e nomes, se houver participantes externos);
    - a pauta, solicitando que cada um selecione informações relevantes;
    - o horário, enfatizando que a reunião começará e terminará pontualmente – o que implica que se inicie no horário previsto, mesmo que um superior ainda não esteja na sala.
- Divulgação apenas aos implicados no assunto (indivíduos que sejam afetados pelo resultado da reunião).

> **DURANTE**
Permeando todo o desenrolar de cada reunião, é fundamental adotar uma atitude de qualidade impecável, o que implica, entre outros aspectos:

- prestar atenção na postura, em como se senta. O cérebro entende o desleixo como cansaço e dá lugar à dispersão. A altivez (coluna ereta e flexível), ao contrário, ajuda a sustentar a mente focada;

- observar a tendência de ensurdecer ou de retrucar internamente. Focalizar a atenção no que está sendo dito. Caso tenha alguma ideia complementar, anotar rapidamente, mas não interromper a pessoa que está falando, deixando-a concluir o pensamento e aguardando sua vez;
- garimpar ideias, suspendendo os julgamentos. A regra de ouro é ouvir com atenção e com o intuito de compreender;
- ficar atento ao excesso de coesão. É importante que as pessoas reflitam e avaliem, participando com ideias e críticas produtivas. Por isso, privilegiar a diversidade de conhecimento e de perspectivas;
- jamais ultrapassar o tempo estipulado para o término.

› RECOMENDAÇÕES PARA O CONDUTOR/MODERADOR

- No início da reunião, explicitar os objetivos a serem alcançados e as técnicas que serão utilizadas (ver sugestões em "Reuniões criativas", na página 109), cujas premissas precisam ser respeitadas, propiciando o clima de colaboração criativa. Devem ser discutidas, também, as regras de trânsito (se será permitido ou não manter o celular ligado no modo de alerta vibratório, sair da sala para atendê-lo etc.).
- Verificar o entendimento da(s) técnica(s) proposta(s). É necessário certificar-se de que as pessoas compreenderam o que lhes será exigido a cada fase.
- Rememorar os valores que nortearão a reunião, como respeito mútuo, trabalho em equipe e valorização da expressão criativa.
- Dedicar cerca de cinco minutos para contar uma experiência de valor vivenciada na empresa que elucide a importância dos princípios éticos. Um participante pode ser convocado, previamente, para pensar em uma história relevante que será compartilhada. Caso a pessoa seja prolixa, dizer a ela que treine a habilidade de ir direto ao ponto, de eliminar os detalhes e obedecer ao tempo disponível, respeitando sempre uma linha coesa com começo, meio e fim.

- Optar pela disposição circular das cadeiras, que propicia a participação de todos.
- Cuidar, ao se expressar, para dividir a atenção, olhando para todos e evitando, assim, monopolizar o olhar em alguém específico. O "olho no olho" aproxima as pessoas e ajuda a desbloquear os mais tímidos.
- Conferir leveza ao ambiente (não confundir o bom humor inerente ao processo criativo com brincadeiras fora de hora, muito menos extrapolar com a sisudez do crítico interno).
- Conduzir a reunião administrando o tempo, fazendo pequenos resumos sobre os avanços e os pontos que ainda não foram abordados.
- Respeitar a pauta. Divagar apenas no processo criativo que tem como foco a geração espontânea de ideias, mas nunca dispersar o ambiente com assuntos que fujam da linha estabelecida.
- Perseguir os objetivos, buscando o equilíbrio entre firmeza (foco) e flexibilidade (atitude receptiva à novas ideias, sabendo se colocar no lugar dos outros e respeitando as distintas etapas que demandarão mudanças constantes de ponto de vista).

› **NO ENCERRAMENTO**

Apresentar os resultados e suscitar os próximos passos, comprometendo-se, sobretudo, a levar adiante as ideias aprovadas.

› **DEPOIS**

As pessoas merecem um retorno quanto ao andamento dos projetos. Lembrar-se de informá-las. Caso tenham sido definidas tarefas, averiguar seu cumprimento periodicamente. Caso sejam feitas anotações, certificar-se de que todos os participantes as recebam.

A SAIA JUSTA NA HORA DO FEEDBACK

Durante qualquer conversa, é imprescindível manter a atenção concentrada tanto em si mesmo quanto no interlocutor, por mais desafiador que isso pareça. O que acontece no jogo relacional tem que ver diretamente com o estado de ânimo – de atenção ou dispersão –, com as intenções explícitas ou veladas, com nossa história de vida.

Diante de conflitos, acabamos julgando o "outro" responsável por nossas próprias emoções, quando, de fato, elas revelam bloqueios preexistentes. Conforme enfatizo no livro *O meu, o seu, o nosso querer – Ferramentas para a comunicação interpessoal* (2007b), é importante separar o joio do trigo, desabituar-se de despejar o lixo emocional à nossa volta e de terceirizar a responsabilidade sobre a nossa vida.

Além disso, quando estamos exaltados, é ainda mais difícil discernir o limite tênue entre as projeções e os dados de realidade. Se você acumula pequenas traições quando alguém não cumpre um combinado, tenderá a julgá-lo por esse filtro, e sua atitude poderá ser desproporcional ou inadequada. A pessoa pode ter deparado com impedimentos que fugiram de sua alçada. Ela poderia avisá-lo, ao longo do processo, mas você também poderia acompanhar ou checar se tudo estava conforme previsto. De todo modo, reações emocionais intempestivas furtam a habilidade de análise.

Há, inclusive, certas personalidades que se excedem na demanda de feedback. Estão, na maior parte do tempo, inseguras e solicitam, de forma desmedida, reconhecimento externo a fim de que suas ações sejam validadas. Quando isso não ocorre (e acaba não acontecendo com a intensidade desejada), desmotivam-se, porque não conseguem confiar em si mesmas ou ainda não atingiram a maturidade necessária para guiar-se por um forte senso de missão.

Para o psicanalista canadense Guy Corneau, introjetamos, desde a infância, aquele olhar que os pais tinham sobre nós, carregado de crenças e valores. Na vida adulta, utilizamos o mesmo espelho interno, por meio do qual nos atribuímos idêntica aferição. Se, durante a infância, você era repreendido por ser "preguiçoso" ou "desleixado", provavelmente mantenha, na vida adulta, igual imagem de si.

Pior, segundo ele, "a pessoa que possui uma autoimagem ruim acaba por sujeitar-se completamente ao olhar dos outros" (Corneau, 2007, p. 93). Mais adiante, enfatiza: "Em realidade, ela é manipulada por sua própria necessidade de ser apreciada, incapaz de sentir estima por si mesma sem o olhar depositado sobre ela". O problema começa quando as pessoas, sem perceber, dependem do olhar externo, devido à baixa autoestima.

Não é à toa que as queixas sempre recaem sobre os líderes e, sobretudo, dizem respeito à falta de feedback. Por um lado, é bem verdade que a conversa produtiva deve ser incorporada como prática, o que nem sempre acontece. Por outro lado, às vezes o que as pessoas precisam é buscar apoio terapêutico, analítico. Ao se conhecer melhor, elas têm condições de encarar suas próprias projeções e, assim, lidar construtivamente com os conflitos.

O ponto neurálgico das relações pessoais e de trabalho é, sem dúvida, o feedback, aquela boa e velha conversa, olho no olho. Praticá-lo denota, no mínimo, foco. Em particular, no ambiente profissional, há metas estratégicas e individuais, expectativas acordadas e dados concretos que precisam ser filtrados pela razão. Coexiste, porém, uma montanha de fatores subjetivos e de natureza emocional que costumam mascarar a objetividade.

Durante meus treinamentos, as pessoas sempre me pedem um modelo que as auxilie a conduzir o feedback. Trata-se, no entanto, de uma situação imprevisível que depende da interação de duas pessoas únicas, cada uma com suas convicções e temores, potencialidades e diferenças. O desafio é, naturalmente, considerar os aspectos humanos, mantendo o equilíbrio sutil entre razão e sensibilidade, fatos e percepções. Requer, sobretudo, atitude de qualidade.

FOCO NO FEEDBACK

A falta de diálogo entre os líderes e seus liderados continua sendo o grande problema de qualquer organização. Se quisermos fazer mais com menos, é necessário desembaraço para ensinar e aprender, uns com os outros. Se as pessoas se conscientizassem de que consagrar tempo ao diálogo evita retrabalho, desânimo e discórdia, ganhariam em qualidade de convivência, em produtividade e excelência, portanto.

Não podemos pular ou encurtar a etapa da troca de ideias. É imprescindível, no ambiente profissional, certificar-se de que cada pessoa entende sua missão, a fim de que se desenvolva e trabalhe de forma independente. Significa estar alinhado aos propósitos maiores e, por conseguinte, partilhar um objetivo comum.

O feedback, em qualquer ocasião, deveria sempre desempenhar um papel de reforço dos valores organizacionais. Em suma, eles representam os norteadores de *como* queremos nos relacionar, *como* queremos nos comunicar para criar conexões reais. Afinal, determinam *como* estamos dispostos a atingir as metas.

No dizer de Noel Tichy e Eli Cohen – e eu concordo com eles –, "Os valores têm o poder de guiar e motivar [...]" (1999, p. 111). Logo a seguir, enfatizam: "Onde pessoas isoladas podem entrar em desespero ao realizar uma tarefa monumental, equipes, por sua vez, criam confiança, inspiram seus membros e apoiam uns aos outros" (1999, p. 111). O sentimento de que "estamos juntos nessa" não apenas favorece o comprometimento, como também garante um clima participativo e de colaboração.

Nesse sentido, o feedback requer dedicação e disponibilidade para investir no relacionamento. Um bom exemplo são os líderes vencedores que, no dizer de Tichy e Cohen, "Investem, assim, um tempo enorme para manter acesos não somente os valores grandes e imutáveis de honestidade e integridade, como também os mais triviais, do dia a dia – como trabalhar em equipe, assumir riscos ou satisfazer o cliente –, que ajudam a organização a atingir suas metas" (1999, p. 110).

"O legado que eu quero deixar é o de ter ajudado as pessoas a entender que, às vezes, é realmente muito bom se as pessoas não são iguais a você. Há pacotes de medidas diferentes que dão certo, há estilos diferentes que dão certo. Às vezes, ser diferente não é apenas bom, é muito melhor", diz Debra Dunn, executiva da Hewlett-Packard (apud Tichy e Cohen, 1999, p. 74).

As pessoas precisam sentir que são valorizadas não apenas pelo que fazem, mas em suas peculiaridades, em sua forma de ser. Razão pela qual sempre insisto na analogia entre o líder e os pais: você não pode tratar os filhos da mesma maneira. Cada um demanda uma atitude, ou de firmeza e limites enérgicos ou mais branda e aberta ao diálogo.

Os liderados também necessitam ser tratados de modo diferenciado. Alguns se satisfazem com poucas palavras vigorosas que os entusiasmam; outros só conseguirão se superar com o auxílio de orientações precisas que os ajudarão a desenvolver pontos de vista educativos; há quem prefira trabalhar sob pressão e quem ache suficiente a confiança que lhe depositam para deslanchar com seu melhor.

Em outras palavras, não há como gerenciar pessoas sem conhecê-las. A conversa produtiva tem como foco, igualmente, identificar os distintos perfis. Detectar tanto o que move as pessoas, seus anseios mais profundos, quanto o que as paralisa e desmotiva. O "olho no olho" é uma aprendizagem contínua que cria relacionamento e agrega valor ao turbilhão cotidiano.

Postergar a conversa com a insistente justificativa da falta de tempo, acreditar que as coisas funcionam a qualquer preço, pressionar, espalhar grosserias, manipular ou coibir é mais simples e leva menos tempo, porém essas atitudes causam conflitos, às vezes irreparáveis. Menos feedback equivale a maiores problemas a administrar.

É necessária, contudo, uma tremenda coragem para se dispor a uma comunicação de mão dupla. Você pode cobrar alguém que não tenha cumprido alguma ação estratégica, mas corre o risco de ouvir, por exemplo, que você mesmo é responsável pelas interrupções constantes dos projetos, porque o recruta para dar conta de tarefas incendiárias. O que aparenta ser ineficiência de outra pessoa pode ser fruto de sua própria falta de foco.

O que permite um bom diálogo não é ter um conjunto de técnicas, mas estar imerso, dispondo tanto de bagagem intelectual quanto de sensibilidade. Isso implica reconhecer as diferenças e aprender com elas, perseguir a clareza de propósito e criar, se possível, um senso comum de propósitos.

Não é de estranhar que o maior desafio dos Recursos Humanos seja, por meio da competência da comunicação, reforçar ou resgatar a credibilidade dos líderes, tendo como premissa o alinhamento estratégico e como pano de fundo os princípios. Enfim, os pilares que constituem a postura ética da organização. Ao fim e ao cabo, é o que as pessoas valorizam.

FOCO NA CONVERSA ÍNTIMA

O feedback em nossas relações íntimas não é mais fácil. Muito pelo contrário, porque, em várias situações, a ebulição emocional cria filtros impeditivos para um diálogo franco e despojado. Desvendar as infindáveis tramas emocionais e perseguir a autorrealização demanda investimento árduo e paciente.

Não há como encurtar o caminho. Definitivamente, ninguém é vilão de nossas expectativas não atendidas e, muito menos, responsável pela ardilosa trama que nos coroa como vítimas da vida que escolhemos ter.

De qualquer forma, temos de aprender a conversar, sem acusar ou julgar, sobre nossos sentimentos e percepções. Despojar-nos de armaduras e couraças defensivas. Isso exige, entre outras coisas, decodificar o que permanece nas entrelinhas, perceber as pessoas, colocar-se no lugar delas, aceitá-las com suas imperfeições e escutá-las muito mais. Compartilhar os relatos, respeitando-se um ao outro.

Representa, igualmente, olhar-se com benevolência, reconhecer a própria vulnerabilidade, examinar e crescer com base em suas experiências, saborear o contentamento interior da expressão criativa.

Por outro lado, a função da comunicação é se fazer entender. Requer, assim, ser constantemente adequada, como se calibrássemos nossa energia, corrigindo os erros de rota. É preciso prestar atenção. Com sutileza e tato, procurar a forma apropriada de conversar.

Fazer mais com menos, na comunicação interpessoal, é se concentrar naquilo que interessa: construir relações significativas, uma zona intermediária onde, juntos, possamos nos reinventar.

> **ASPECTOS RELEVANTES DO FEEDBACK**
> - No ambiente profissional, atenha-se às metas e às ocorrências mensuráveis. Fale, portanto, dos fatos (não da pessoa).
> - Lembre que você conversa com uma pessoa que tem crenças e valores. Em decorrência, seja sensível às suas peculiaridades. Aproveite para conhecê-la melhor.
> - Se seu interlocutor for muito objetivo, vá direto ao ponto. Mas, se for detalhista, não imponha sua objetividade, que cairá sobre ele como dureza. Certifique-se de que sua abordagem é adequada e descubra a maneira de abordá-lo com maior eficácia.
> - Antes de julgar ou despejar cobranças, faça perguntas para esclarecer os acontecimentos. É hora de entender quais motivos (internos e externos) impediram a realização das tarefas ou o cumprimento das metas.

- Certifique-se de que entendeu o que o outro disse, retome a fala para checar sua compreensão. Se for preciso, continue questionando.
- Escute com esmero, procurando não julgar, não se antecipar nem interromper a fala do outro.
- Pergunte de que maneira você pode contribuir (e dificultar) seu melhor desempenho.
- Cheque se a missão está suficientemente clara. As pessoas caminham melhor quando enxergam com clareza sua missão e os propósitos comuns.
- Esclareça o que espera de cada um.
- Pergunte o que cada um espera de você.
- Atualize um novo contrato e peça ao outro que o repita, verificando o entendimento do que foi acordado.
- Perceba se a pessoa precisa de acompanhamento ou, ao contrário, se ela funciona melhor com total independência. Há pessoas que demandam feedbacks sistemáticos até ganharem autonomia e autoconfiança. Ou seja: necessitam ajustar o passo ao longo do processo.
- Reforce tanto os aspectos positivos, para que a pessoa tenha parâmetros do que funciona bem, quanto os aspectos negativos, para que ela compreenda o que não dá certo.
- Prefira o feedback de mão dupla.
- Escute o que a pessoa tem a dizer.
- Faça uma introspecção para averiguar se você foi justo no feedback. Averigue, sobretudo, de que forma pode criar facilitadores para o relacionamento.
- Seja, principalmente, um exemplo de respeito. Faça valer os valores organizacionais na hora de se comunicar. Transpire esses valores, sendo um espelho deles.
- O resultado da conversa depende não só de como se administra a habilidade de concentração e de domínio sobre as emoções, mas

também da capacidade de se colocar no lugar do outro, de inspirar confiança e credibilidade.
- Lembre-se: as pessoas querem o "olho no olho" e abominam a falta de valorização humana.
- Estabeleça uma rotina para a prática do feedback. Não espere as avaliações anuais ou semestrais para falar de um fato recém-ocorrido.
- Deixe espaço para que as pessoas o procurem com o intuito de dar e receber feedback. Esteja sempre pronto para um confronto produtivo.
- Não basta a boa vontade. É necessário dedicar tempo ao desenvolvimento de futuros líderes.
- Em relacionamentos pessoais, não julgue a pessoa responsável pelo que você está sentindo (há sempre um conflito subjacente que só se refere a você). Então, fale apenas dos seus sentimentos acerca da atitude do outro. Procure escutar com respeito e descubra, na prática, o que é o verdadeiro diálogo.

FOCO EM E-MAILS

A falta de clareza virou carta marcada, e ficamos de cabelo em pé ao tentar decifrar mensagens e relatórios. Sem falar na urticária devida ao excesso de palavras empoladas ou erros grosseiros que, sem dó nem piedade, assassinam a língua.

Em situações delicadas, se você não souber argumentar e persuadir com precisão e objetividade, ou se escorregar no uso do português, provavelmente estará sujeito a tropeços cada vez mais imperdoáveis no mundo corporativo.

Ninguém tem paciência, muito menos tempo, para decifrar mensagens ambíguas, truncadas ou sofisticadas. No ambiente organizacional, cabe uma linguagem culta, todavia simples. E, claro, o texto mal elaborado nunca será persuasivo. Revelará, isto sim, amadorismo e descrédito. Não é de graça que a qualidade da redação seja quesito essencial nos processos seletivos.

Em meu livro *Escrita criativa – O prazer da linguagem* (2008), enfatizo a importância de escrevermos mensagens eletrônicas breves, indo direto ao ponto. Uma vez mais, sem foco é improvável compreendermos o uso correto do e-mail. Sem contar que nosso leitor também tem filtros e padrões de atenção que podem facilitar ou dificultar o entendimento. Ainda há o agravante de não contarmos com a expressão corporal que tanto aviva e dá sentido ao ato comunicativo. Resta-nos o exercício da síntese, ler e reescrever a mensagem até que ela alcance um grau razoável de objetividade, concisão e clareza.

Vale lembrar que a enxurrada de e-mails na caixa de entrada pode denotar dispersão de ambos, emitente e receptor: por um lado, você não está administrando bem seu tempo; por outro, os demais estão muito afoitos distribuindo urgências, responsabilidades ou mensagens desnecessárias.

É verdade que há perfis que se adaptam melhor à comunicação por e-mail. São pessoas que nunca respondem aos telefonemas, porém atendem de imediato a qualquer solicitação feita por correio eletrônico. Isso significa falta de foco, porque estão 24 horas plugadas na internet e dificilmente reservam tempo aos relacionamentos.

Já que as solicitações chegam a qualquer hora, é comum a dispersão de pular de um assunto a outro, obrigando as pessoas a atenderem a demandas múltiplas. O funcionário, então, abandona o que estava fazendo e, no final das contas, será cobrado porque não conseguiu cumprir suas metas.

É preciso determinar uma rotina para administrar a caixa de e--mails, deixando claro que você tem um horário para responder às mensagens. Assim, diante das urgências, as pessoas saberão que o melhor é uma conversa pessoal ou por telefone.

É preciso também saber driblar a síndrome das urgências e do imediatismo, revisando e ajustando prioridades antes que tudo se transforme em um incêndio coletivo. O importante é dedicar-se ao que, de fato, importa. As tarefas realmente relevantes são aquelas que, com um tempo mais generoso, podem ser planejadas. Isso implica gerar relacionamentos e aprofundar conhecimentos, aumentando assim a probabilidade de sucesso.

Fazer mais com menos significa devotar tempo à qualidade das relações. Quando a comunicação é baseada na confiança mútua, a troca de e-mails tende a ser mais produtiva. Aliás, permite, muitas vezes, economia de tempo e dispensa outros e-mails ou reuniões desnecessárias. É importante salientar, nessa medida, que o e-mail não pode suprir as deficiências de planejamento e de relacionamento interpessoal que exigem o confronto produtivo – "olho no olho".

> Minha comunicação hoje em dia é praticamente feita toda pelo e-mail [...]. Eu mesmo, nos últimos anos, provoquei essa mudança deliberadamente. Me lembro ainda de ficar irritado quando o telefone tocava e era alguém com um assunto absolutamente nada urgente e que me obrigava a parar o que eu estava fazendo por alguns instantes pra responder ao telefone. Eu pensava "Catzo! Por que não me manda um e-mail?" [...]
> Até que a coisa começou a mudar de figura [...] Me lembro de conseguir limpar o meu inbox diariamente. Me lembro quando comecei a não conseguir mais dar conta de todas as mensagens em um dia, mas ainda ter a certeza de que resolvia no fim de semana. [...]
> Sim, o e-mail chega na hora, mas quem diz que a gente consegue ou quer responder?
> Se precisar falar comigo urgente, por favor, me ligue! (Schwartzman, 2003)

RECOMENDAÇÕES PARA O E-MAIL

- Utilize linguagem culta, entretanto simples (jamais palavras empoladas, sofisticadas).
- Prefira o vocabulário usual (evite, não obstante, termos vulgares e repetição de palavras).
- Opte por frases curtas (cheque a coerência entre as sentenças, a concordância e os tempos verbais).
- Elimine os excessos. Seja conciso e breve (vá direto ao assunto, sem rodeios).
- Priorize a clareza (nada de ambiguidades).
- Para aprender gramática e aumentar o vocabulário, leia mais – além dos textos de sua área, conheça os bons autores nacionais.
- Respeite o grau de formalidade da empresa.
- Use a cópia oculta *somente* em caso de e-mails informativos.
- Dedique-se a construir relacionamentos de confiança (se você confia em seus parceiros, não há necessidade de registrar tudo por escrito).
- Antes de enviar o e-mail, releia-o diversas vezes com atenção (é conveniente deixá-lo na pasta de rascunho para revisá-lo depois).
- Pergunte-se se não vale mais a pena um telefonema ou uma conversa (resolva pessoalmente as questões mais delicadas e complexas).
- Crie uma rotina com horários específicos para responder aos e-mails.
- Leia sua correspondência com atenção redobrada (todo mundo merece uma resposta).
- Converse com seus pares e líderes sobre a administração da ferramenta do e-mail, lembrando sempre que a forma mais eficaz é investir na atitude de qualidade da comunicação interpessoal.

FOCO EM RESULTADOS

Resultado, de maneira sucinta, significa consequência ou efeito dos processos de uma organização. Trata-se da gerência dos recursos físicos, financeiros, humanos, naturais, entre outros, baseada em dados que devem ser quantificados.

A saia justa é sempre a mesma: reduzir custos, enxugar equipes, demandar profissionais mais focados que atinjam as metas e, portanto, os resultados esperados. Assim, a palavra de ordem é fazer mais com menos.

Algumas empresas superam expectativas porque enxergam oportunidades e alavancam negócios ousados e ambiciosos. O crescimento, muitas vezes, se dá a qualquer preço. Vejamos algumas decorrências: equipes à beira do colapso, estresse generalizado, clima organizacional conturbado. Não obstante, os ganhos também são inúmeros: excelentes salários para o alto *staff*, benefícios vantajosos, bom currículo por fazer parte de um time vencedor.

A complexidade dessa realidade tem se mostrado árdua e até insuportável para muitos profissionais que se aventuraram na carreira solo. O trabalho autônomo é uma tendência natural e contemporânea. Sem contar que as equipes, cada vez mais reduzidas, são obrigadas a terceirizar muitas atividades.

Quem sustenta o foco em resultados é bem-vindo ao mercado competitivo. Alguns resistem bravamente, capazes de transformar o caos em plataforma de ascensão profissional. Pagam, com certeza, um alto custo, porque vivem afunilados entre a carreira promissora e o mito da qualidade de vida.

Durante a fase de diagnóstico, em diversas empresas, as queixas dos líderes costumam ser similares: excessiva pressão por resultados, metas irracionais, dificuldade na administração da ferramenta do e-mail, conflitos e, principalmente, entraves na gestão de pessoas.

Já as equipes tecem mais críticas, qualitativa e quantitativamente, do que seus líderes. Um aspecto comum é a percepção de que a comunicação mais importante é a "olho no olho", de que o líder deve aprender a comunicar-se. Com frequência, as queixas são as seguintes: inexistência ou inadequação de feedback, beirando o desrespeito; problemas entre líderes, que se manifestam em obstáculos à integração interdepartamental; tendência a mascarar resultados ou a atingi-los a qualquer preço; falta de ética... Em resumo, o foco está nos lucros, e não em *como* alcançá-los.

Sim, é necessário aprender a fazer mais com menos, coletivamente. No entanto, em vez de resultados em curto prazo, o desafio é privilegiar os resultados em longo prazo que dependem de equipes alinhadas e comprometidas. Para tanto, o foco deve estar na gestão dos recursos humanos.

Vamos imaginar o seguinte dilema: você tem convidados para o jantar e não teve tempo de passar no supermercado. Além disso, nenhum deles come carne vermelha. Você olha a geladeira e – maravilha! – ela está abarrotada de verduras e legumes. No entanto, pensa em pedir pizza de abobrinha. Outra opção seria preparar uma farta salada, salpicar uns frutos secos, improvisar uma omelete de batata ou de espinafre, grelhar um peixe, oferecer um bom vinho com pão italiano e mozarela de búfala. Que tal?

A escolha da pizza, com certeza, é mais rápida e eficiente. O esmero, porém, em preparar um singelo jantar, além de ajudá-lo a mudar de ares, demonstra sua atitude para com as pessoas. É sempre mais eficaz privilegiar a qualidade das relações. Demanda dedicação e dá trabalho, mas produz um prazer imenso.

O problema é que, no dia a dia, em nossas relações, somos eficientes e pouco eficazes. E o que pode amenizar a pressão por resultados é, justamente, agregar valor ao processo, construindo relacionamentos de apoio mútuo. O espírito de time, por exemplo, como já foi mencionado, é um valor inestimável que dá sentido e direção. Transforma os desafios em compromisso compartilhado.

Enfim, nem tudo são flores! Parafraseando o filósofo grego Stylianos Atteshlis (1994, p. 127): o bom jardineiro não grita com as flores, ele cuida de seu jardim. "E, quando o jardineiro cuida de seu jardim, o jardim cuida de seu jardineiro."

Sintetizando, as pessoas anseiam por ética, por valorização humana. Assim, em vez de perseguir os resultados a qualquer preço, o que faz a diferença é manter o foco na atitude de qualidade, para atingir metas com excelência.

FOCO NA ÉTICA

Um velho amigo sempre dizia que ir ao dentista quando se tem uma forte dor de dente é eficiente, enquanto cuidar da saúde bucal é eficaz. É disso que se trata. No cotidiano, imersos em um emaranhado de exigências, com a espada de Dâmocles sobre a cabeça, corremos o risco de ser apenas eficientes.

Estimular a autonomia das pessoas para que se desenvolvam como futuros líderes é um caminho mais lento e, sem dúvida, muito mais eficaz. Requer honestidade emocional e disponibilidade, um confronto aberto ao diálogo, ao crescimento constante que nos obriga, sem trégua, a rever formas antiquadas de pensar e de agir.

Força-nos, sobretudo, a prestar atenção detalhada aos nossos valores mais profundos. Quando você é fiel à sua própria integridade, sente-se encorajado a abraçar as mudanças ou os desafios necessários. É como um leme que aponta a direção a seguir.

> Quando fazemos uma escolha fundamental, por uma questão de fidelidade ao que temos de mais elevado, aumentam as nossas chances de "fazermos uma escolha para realizarmos um propósito". Quando entra-

mos em sintonia com os nossos valores, sabemos aonde devemos ir. O objetivo que precisamos cumprir fica claro. (Quinn, Faerman, Thompson e McGrath, 2003, p. 337)

Foco na ética resume o que a maioria das pessoas almeja. Quer queira quer não, você é um exemplo para as pessoas que estão ao seu entorno. Isso se dá por meio de pequenos gestos, do uso das palavras e da própria energia emocional, pela maneira de lidar com os conflitos, de dividir sucessos e fracassos. Sua energia aponta sempre em uma direção, revela as escolhas que faz.

Significa, por outro lado, não permitir pequenas concessões ou privilégios, não falar com rispidez ou grosseria, não humilhar ou abusar do poder... Ou seja, atitudes que o levariam ao descrédito. Representa, ao contrário, assumir os próprios erros e falar abertamente sobre eles, o que o torna mais próximo e confiável. É preciso, contudo, muita coragem para a reconstrução de si mesmo, tecendo relações de parceria autênticas e expressivas.

O desafio é assegurar a retidão inabalável, manter-se focado, em alerta, receptivo às novas ideias, crescendo na diversidade, por respeito à nossa cultura plural. Pensando bem, o processo de humanização é o que interessa.

> Há que manter o foco,
> porém sem perder a criatividade jamais.

...

2 CRIATIVIDADE

A ENGRENAGEM DA CRIATIVIDADE

A CRIATIVIDADE PODE SER ENTENDIDA como a capacidade de resolver problemas, de ter ideias que geram resultados. Por esse motivo, é quase impossível fazer mais com menos sem inovação constante. Leituras e cursos podem contribuir, mas o que vale mesmo é priorizar e assumir a responsabilidade por desenvolver o potencial criativo de modo contínuo.

Utilizo, por exemplo, na didática da aprendizagem da escrita, a dicotomia entre o lado direito e o esquerdo do cérebro, a fim de facilitar o entendimento das etapas dessa atividade. Deixo claro, no entanto, que, à medida que você ganha fluência, as fases se interpenetram e são interdependentes. Com a prática, você cria e edita simultaneamente.

O mesmo acontece com a criatividade no sentido mais amplo, cujas etapas demandam a interação entre as diversas regiões cerebrais: hemisfério direito e esquerdo, região superior (neocórtex) e inferior (sistema límbico).

O sistema límbico ou cérebro emocional é responsável pela memória, pelas respostas emocionais e sensoriais. Já o neocórtex é o mediador da nossa relação com o mundo, cuidando das relações globais, do desenvolvimento de um "eu" consciente e de uma vida emocional complexa. Eles trabalham em conjunto. Também os hemisférios operam em sinergia.

> [O lado esquerdo do cérebro é] analítico, decifra de maneira sequencial e por partes. Racional, extrai conclusões baseadas na razão e nos dados. Lógico, opera em uma ordem argumentativa, matemática. Linear, um pensamento segue o outro. [...] Responsável pelo famoso bom senso, pretende nos impedir de cometer desvarios. [...] está sempre à espreita com suas exigências e sua visão racional. (Di Nizo, 2008, p. 73)

Já o hemisfério direito não é racional e se exime de dados reais, preferindo as ambiguidades, as metáforas, as imagens:

> Nada analítico, opera por síntese, unindo coisas aparentemente desconexas em uma totalidade. [...] Em vez de convergir numa única conclusão, percebe estruturas e padrões que desembocam em conclusões divergentes. [...] Ele é especializado na percepção holística das relações e das estruturas complexas. (Di Nizo, 2008, p. 74)

De fato, o processo criativo depende da riqueza associativa e de várias operações mentais (pensamento abstrato, analógico, metafórico, intuitivo), utilizando não só memória, sensações e ambiguidades como também elementos de ordem emocional e racional (habilidade de verificação e aplicação das ideias), portanto sob influência direta do raciocínio e poder de criação.

Cabe ainda lembrar que, segundo J. P. Guilford, um dos pioneiros no estudo da criatividade, existem dois tipos de pensamento:

> O convergente, que vai na direção de uma única resposta [...], e o divergente, que resulta na capacidade de gerar respostas alternativas. Uma pessoa fluente (que tem muitas propostas para uma mesma questão), flexível (que não fica sempre explorando a mesma ideia, mas sabe a hora de mudar o jogo) e original (que gera respostas incomuns) tem muito mais chances de se dar bem do que aquela que segue todas as

regras, esgota as possibilidades rapidamente e tem opinião formada e imutável sobre o mundo. (*Apud* Artoni, 2004, p. 40)

É importante perceber que grande parte das conversas costuma se basear no pensamento convergente (um bom exemplo é o que acontece durante as reuniões). Concordamos ou não com uma opinião, partindo de convicções engendradas em um processo lógico habitual. Nosso julgamento procura soluções sólidas e racionais.

O pensamento divergente ou criativo, em contrapartida, esquece as leis da lógica enquanto se aventura a explorar o irracional e a produzir muitas ideias, principalmente aquelas arrojadas, inusitadas e originais. No dizer da escritora Eunice Soriano de Alencar, "QUANTIDADE de ideias leva a QUALIDADE de respostas. As primeiras respostas são as que estão na superfície da consciência. À medida que elas são apresentadas, outras menos frequentes e mais originais vêm à tona" (Soriano de Alencar, 2000, p. 7).

O *brainstorming*, como se verá no capítulo 4 (ver "O velho e bom *brainstorming*, de Alex Osborn", na página 113), tem como premissa a quantidade. Há, todavia, outras técnicas que possibilitam um caminho mais introspectivo, perseguindo ideias lentamente. O que importa é assumir o risco intelectual de abandonar o terreno racional, distanciando-se por meio do imaginário, suspendendo verdadeiramente as críticas, abrindo-se à escuta do outro que divaga em associações simultâneas.

Acontece que a vida moderna nos deixa turbinados, acometidos da terrível sensação de que corremos contra o relógio e de que não há tempo a perder. Sem contar que, levados pela força brutal dos hábitos e submetidos às pressões, podemos fazer as coisas sempre do mesmo modo, sem perceber que há rotas alternativas, ideias simples que ampliam os horizontes e trazem resultados surpreendentes. Diante de problemas que exigem soluções imediatas, muitas vezes o que falta é, justamente, privilegiar e maturar o trabalho da criatividade em conjunto.

Concordo com o escritor Antonio Carlos Teixeira da Silva quando enfatiza os benefícios de a empresa estimular a criatividade dos funcionários. Para ele, a satisfação obtida dessa maneira é muito maior do que a decorrente de aumentos salariais. "Para o colaborador, a sensação de contribuir com algo de si próprio e a satisfação de se autoexpressar são prêmios tangíveis. O funcionário fica tão contente em estar aplicando seu potencial criativo que se envolve profundamente no trabalho e descobre-se como ser humano" (Teixeira da Silva, 2004, p. 7).

Em meus diagnósticos, comprovo que a recompensa dos profissionais não é medida pela faixa salarial, mas é, sobretudo, proporcional ao espaço que lhe é concedido para se expressar e indicada pela qualidade da comunicação em todos os níveis. Sua satisfação, sob essa ótica, depende tanto das oportunidades de desenvolvimento quanto da possibilidade de, por meio da colaboração criativa, compartilhar relacionamentos saudáveis.

Assim, um ambiente que estimula a criatividade proporciona ganhos inestimáveis à empresa e, especialmente, ao indivíduo. Ele se transforma em um observador nato, cheio de curiosidade e energia, entusiasmo e perseverança.

Claro, encontrará resistências e terá de lutar por suas ideias. Terá também de romper barreiras e preconceitos, atravessar temporais e alçar-se ao topo da montanha, sem saber no que resultará a soma de seus esforços. Confrontará a dicotomia entre a objetividade e a criatividade até conseguir criar o inusitado. Reunirá uma gama variada de conhecimentos amplos, em diversas áreas, para encontrar conceitos novos. Então, quem sabe, adormeça e acorde gritando: "Eureca!"

A DOBRADINHA CRIATIVIDADE E OBJETIVIDADE

OBJETIVIDADE E CLAREZA transformaram-se em valores cobiçados, num mundo que privilegia resultados mensuráveis, quantificados. O perigo é não reconhecer a complexidade do pensamento e do potencial humano.

Vejamos, agora, um exemplo do ato comunicativo cujo propósito é, no mínimo, persuadir, compartilhar uma visão, informação ou conhecimento. De que depende a eficácia de um discurso? Qualquer pessoa dirá que isso requer um agenciamento propositivo, coerente, com um eixo central (início, meio e fim). Sabemos, entretanto, que outros fatores, como sensibilidade e astúcia – enfim, as emoções –, desempenham um papel considerável.

Segundo matéria da revista *Língua Portuguesa*, a rápida ascensão do presidente Barack Obama durante o período eleitoral nos Estados Unidos, que culminou na sua eleição em novembro de 2008, pode estar relacionada a um eficaz treinamento discursivo. O tom usado, direto mas caloroso, foi bastante diferente da entonação esnobe e professoral que lhe era peculiar quando senador. "Na campanha, dosou discursos apaixonados a análise serena de temas polêmicos" (Pereira Junior, 2008, p. 31). Evitou, sobretudo, o ar pedante. "Se falava em economia, usava metáforas inspiradas na mesa de uma cozinha, e de como as pessoas tentam solucionar seus problemas" (Pereira Junior, 2008, p. 31).

A persuasão exige muito mais do que uma lógica exemplar. Além de manter o foco no objetivo a atingir, implica manejar recursos expressivos com inteligência e sensibilidade, simplicidade e adequação, despojando-se de velhos paradigmas e ousando um tratamento inusitado, logo criativo.

O mesmo acontece quando você se comunica por escrito. Em meu livro *Escrita criativa – O prazer da linguagem* (2008), enfatizo a importância de respeitar a etapa do processo criativo (o jorrar de ideias) para, somente em seguida, cuidar dos aspectos lógicos e formais da linguagem. Ao inverter as etapas da escrita, privilegiando a objetividade antes mesmo de colocar as ideias no papel ou no micro, você inibe a intuição e interrompe a fluência textual. Em suma, a qualidade ou o resultado do texto depende da junção entre lógica e criatividade.

> Assim, para escrever é necessária a sinergia entre a intuição (hemisfério direito) e a razão (hemisfério esquerdo). As sucessivas releituras e revisões vão permitir que o lado lógico atue em parceria com o lado intuitivo: um ajudando o outro, certificando-se de que o texto preserva a criatividade e alcança a clareza. (Di Nizo, 2008, p. 76)

A clareza e a coesão de ideias, embora sejam atributos fundamentais, não tornam o texto, por si só, convidativo ou convincente. É sua capacidade de falar de coisas simples ou complexas de um jeito atrativo e inovador, sem perder a exatidão, que garante a atenção e o deleite do leitor.

O mesmo acontece na comunicação interpessoal, em que se enfatiza, comumente: "Vá direto ao ponto", "Seja objetivo". Afinal, se temos de fazer mais com menos, tendemos a desconsiderar os aspectos que nos parecem irrelevantes. Como já mencionei, se não nos dedicarmos a construir relacionamentos ímpares, não quebraremos as barreiras defensivas e, muito menos, criaremos condições para um diálogo que respeite as diferenças.

O PROCESSO CRIATIVO

O PROCESSO CRIATIVO implica respeitar fases interdependentes: de um lado, associações espontâneas, aquele salpicar de ideias ou de seus contornos carregados de imagens (imaginar não é pensar por imagens?); de outro, uma fase intermediária de decantar, descer os degraus, passo a passo, a fim de não desperdiçar toda a energia criativa gerada; por fim, tornar as ideias apresentáveis e factíveis, definindo a trajetória de realização.

O primeiro passo, então, é dar asas à imaginação e, em um segundo momento, conduzir o imaginário em direção ao real. O cuidado que se deve ter nessa etapa posterior à geração de ideias é não permitir que o senhor da lógica, nosso crítico interno, devasse a criatividade.

Vale lembrar que, durante o processo criativo, a linha de raciocínio é divergente, ou seja, desvia-se em uma dimensão ilimitada e representa um modo de pensar aberto que vasculha, por meio de devaneios, várias soluções. São momentos, em particular, em que é possível sintetizar e manipular conceitos e ideias, transformando-os, adaptando-os ou inventando-os com base em outros existentes ou em associações aparentemente disparatadas.

Só depois de dar livre curso à imaginação é recomendável recorrer à análise, por meio da qual o raciocínio convergente avalia as ideias, a fim de viabilizá-las. Nem sempre elas se apresentam de forma completa. Por isso, há um passo importante de exploração intermediária (também criativo): a pesquisa analítica, que permeia todo o percurso e, quando realizada a contento, em vez de inibir permite uma investigação apurada.

A habilidade de mapeamento traduz, essencialmente, algo teórico ou abstrato, às vezes desconexo, em algo real e prático. O desafio é a reorganização em uma nova estrutura, como se procedêssemos a uma varredura da desordem e dos fragmentos, buscando um conjunto simples e coerente. Por fim, chegamos à etapa do prazer ao encontrar a boa ideia que consagra os esforços.

ALGUNS PARÂMETROS SOBRE CRIATIVIDADE

CONFORME MENCIONEI, há desafios menores ou maiores em todos os âmbitos da vida. Rondamos de um lado para o outro em busca da "ideia" que vai iluminar ou esclarecer uma questão.

Diz o psicólogo Howard Gardner que o indivíduo criativo é "alguém que pode resolver regularmente um problema ou criar algo novo que se torne um produto valioso em determinada área" (*apud* Goleman, Kaufman e Ray, 1992, p. 22). Isso implica, portanto, conhecimento específico em certo campo. De fato, percebemos quanto uma pessoa é criativa quando observamos suas reações diante dos problemas. A pessoa criativa tem um estilo muito peculiar de investigar, procurando sempre se superar e encontrar uma forma melhor de fazer as coisas.

A também psicóloga Tereza Amabile enfatiza os três ingredientes que, somados, constituem o que denomina "o refogado da criatividade":

> [...] perícia, em uma determinada área, que lhe garante domínio do campo; capacidade do pensamento criativo, uma maneira de abordar o mundo que nos permite encontrar novas possibilidades e vislumbrar sua plena aplicação; por fim, o terceiro elemento é a paixão que o impulsiona a fazer algo por simples prazer, e não em troca de elogios ou recompensas. (*Apud* Goleman, Kaufman e Ray, 1992, p. 26)

Para o especialista Roger Von Oech (1995, p. 18), o conhecimento em si também não basta: "a verdadeira chave para tornar-se criativo está no que você faz com o conhecimento que tem. O pensamento criativo supõe uma atitude, uma perspectiva, que leva a procurar ideias, a manipular conhecimento e experiência". Trata-se de mudar de perspectiva, de transformar uma coisa em outra.

Já segundo Guy Aznar (2005, p. 4), a criatividade "pode ser definida como uma aptidão individual a produzir o novo, ou a produzir novas combinações, ou a desacelerar problemas, ou a resolvê-los". Aznar adota o conceito da criatividade de ideias, a busca de "Eureca!", aquela ideia essencial que virá a calhar e estava bem diante dos nossos olhos.

"A ideia constitui frequentemente", sustenta Aznar (2005, p. 5), "a versão positiva de uma crítica." Quase sempre, uma crítica bloqueia a geração de ideias, mas a virada acontece ao "contornar a crítica, provocando um desvio, ou ao contrário, apoiando-se de forma sistemática sobre ela, para transformá-la em algo positivo" (Aznar, 2005, p. 6). Para o autor, as técnicas de desvio e de positivar uma crítica, cujos objetivos são resolver uma contradição, constituem o diferencial do método Triz[1]. Já o *brainstorming*, o mais conhecido método de pesquisa de ideias, contrapõe o raciocínio lógico ao princípio quantitativo da exploração livre de ideias.

A criatividade demanda certa ingenuidade para fantasiar e disparar conexões sem aparente relação. O fruto desses devaneios e da coragem de se arriscar ao desconhecido resulta em síntese de uma nova ideia ou produto, em resolução de problemas. Por que não?

Diante do turbilhão de mudanças, em que a tônica é fazer mais com menos, a criatividade não pode mais ser fruto do acaso. Tampouco basta reproduzir processos que deram certo ontem. O que garante o sucesso de hoje é dar saltos qualitativos, perseguindo o que é singularmente mais eficaz. Não se trata, contudo, apenas de ter criatividade, sempre necessária, mas de ser capaz de criar em conjunto. É a forma mais audaz e inteligente de galgar um crescimento sólido, estando à frente das novidades. O desafio individual e coletivo é disseminar e potencializar a geração permanente de ideias.

---

[1]. Proveniente da escola russa, o método Triz propõe analisar os resultados objetivos da criatividade e transformar cada problema específico em problema geral. Ao detectar sua contradição, pesquisa os princípios de invenção já existentes que podem ser utilizados com base em uma mesma matriz de invenção.

A INTERAÇÃO ENTRE O GRUPO E O INDIVÍDUO

LEMBRO-ME DE UMA EXPERIÊNCIA, no início da minha carreira, em um workshop de foco e criatividade, em que instiguei os participantes com este dilema: você tem uma reunião inadiável em Brasília. Chegando ao aeroporto, nota que se esqueceu de fazer a reserva. O voo está completo. O que você faz? A primeira pessoa, indignada, disse que cancelaria a viagem. As demais concordaram com ela. Pude observar o quanto a falta de ideias ou a desmotivação de alguém pode impregnar os demais.

Em outra ocasião, durante um treinamento *in company*, o exercício de aquecimento consistia em elaborar o maior número de associações espontâneas derivadas da palavra "maçã". Obtive só duas respostas: maçã vermelha e maçã verde. Ninguém pensou em maçã do rosto, maçã do amor, pomar, paraíso, Adão e Eva, banana, abacate, enfim, nas infindáveis associações atreladas umas às outras. Percebi que a sisudez das pessoas era generalizada; que o mau humor e o desânimo, além de contagiantes e constrangedores, cerceavam a soltura necessária ao processo criativo.

Minha tarefa, a seguir, foi integrar e descontrair as pessoas até alcançar um ambiente de confiança onde, com leveza e bom humor, o grupo apoiasse a criatividade individual. Assim, a postura de cada um influencia o grupo, bem como o grupo interfere no indivíduo. Ou seja, se você faz tudo sempre igual, o grupo resistirá quando você fizer uma nova proposta. Se o grupo, no entanto, o estimula, você se arrisca, porque conta com o apoio de todos.

No dicionário *Aurélio*, uma das definições da palavra "rotina" é: "caminho já percorrido e conhecido, em geral trilhado maquinalmente". A criatividade, contudo, propõe desviar e descobrir novas rotas, positivar o avesso das coisas, deambular no mundo das possibilidades e da imaginação.

SABOTADORES DA CRIATIVIDADE

A **primeira tarefa**, individualmente e em grupo, é abrir mão do julgamento incessante do crítico interno que, de modo obstinado, cerceia a criatividade. "[...] enquanto a postura for a de enfatizar as dificuldades, a tendência será a de manter respostas condicionadas. É importante identificar o hábito de se envolver em uma conversa interior negativa, desperdiçando energia emocional" (Di Nizo, 2007a, p. 51).

São aquelas vozes internas tão familiares:

— Ah, isso não vai dar certo!
— A empresa jamais aprovará.
— Eu não sou capaz!
— Não temos orçamento.
— Seja mais objetivo.
— Não vou me arriscar a pagar o maior mico...
— Tenho de aumentar o faturamento e estou aqui perdendo o meu tempo.
— Não sou criativo, juro.

Enfim, cada um de nós desenvolveu um arsenal de respostas prontas, sempre subordinadas a uma lógica implacável, de como as coisas deveriam ser ou se manter. Resultado: o crítico interno sabota iniciativas, inibindo a expansão de nossa própria genialidade. Pior: reproduzimos o mesmo padrão em equipe.

O duelo é nos despojar de pré-julgamentos e certezas corriqueiras, permitindo aflorar o olhar de descoberta. Incentivar e compartilhar, em confiança, os lampejos do gênio criador. Isso demanda aptidão criativa, como disciplina e atitude.

Aliás, criatividade é atitude. Por essa razão, é imprescindível detectar as armadilhas que minam as iniciativas. Trata-se de reconhecer padrões e confrontá-los, fazendo escolhas com discernimento, para que a aptidão criativa possa germinar.

Vejamos alguns exemplos clássicos.

TODO DIA TUDO SEMPRE IGUAL

Fazer as coisas da mesma forma, sem encontrar motivos para prestar atenção nelas; comer as coisas de sempre e resistir a provar algo novo (não gosta, mas nunca experimentou); incansavelmente, percorrer os mesmos trajetos, sem desviar-se da rota usual; cercar-se de determinado perfil de pessoas e conviver com elas, convicto de que já as conhece de sobra e de que não há nada a explorar; alimentar as velhas crenças, sem jamais questioná-las. Quando tudo está bem, por que fazer diferente? E, se algo deu muito certo, para que reinventar a roda?

A rotina é permeada de velhos hábitos e, de acordo com a perspectiva pela qual interpretamos os fatos, há duas possibilidades: permanecer na zona de conforto ou manter-se alerta e participar, descobrindo a cada dia um jeito novo e melhor de fazer as mesmas coisas. Os relacionamentos cultivados ganham em qualidade quando prestamos atenção neles. Os processos se aprimoram quando submetidos a um movimento de renovação constante.

A grande virada acontece quando os times vencedores compreendem que são necessárias mudanças constantes para que se mantenham na mesma posição. Essas mudanças abrangem superar expectativas, vislumbrar oportunidades, antecipar-se e, acima de tudo, inovar. Ou seja, jamais fazer tudo igual, todo dia.

O MUNDO EM BRANCO E PRETO

Olhar a vida sob a ótica do derrotismo, culpando agentes externos, indestrutíveis, que justificam a permanente insatisfação. Reclamar e lastimar-se o tempo todo e ser incapaz de enxergar uma luz no final do túnel.

A pessoa, muitas vezes, forja situações de impasse, como se vivesse encurralada. Faltam-lhe razões fortes ou a vitalidade necessária para lançar-se ao movimento criativo, angustiante e incerto, situação em que nunca sabemos se atracaremos em algum porto seguro.

Em maior ou menor medida, o ser humano, enquanto não atinge maturidade emocional, pretende resolver coisas intangíveis por meio de uma equação matemática. O pessimismo acaba por derrotá-lo.

Enxergar em branco e preto, ou tudo cor-de-rosa, distorce a percepção da realidade. Daí a importância de desenvolver lógica e intuição, razão e emoção. Você começa a pensar não apenas racionalmente, como também de forma divergente, buscando alternativas para lidar com as contradições, com os altos e baixos.

A LEI DO MÍNIMO ESFORÇO

Você até tem grandes ideias, o complicado é realizá-las. O problema começa quando precisa quebrar a rotina e tudo parece maior do que é. Então, como já vive assoberbado, mal dando conta das tarefas costumeiras, você cruza os braços.

As pendências se acumulam, as insatisfações também. No entanto, você não reúne esforços suficientes para arregaçar as mangas. Em grupo, a situação se agrava, porque você dificilmente está disponível.

Ser criativo dá trabalho, mas acima de tudo proporciona prazeres infindáveis. O primeiro passo é abrir-se para o mundo e explorá-lo. E, claro, dizer em alto e bom som: "Xô, preguiça!!!!"

TEIMOSIA

Mania de insistir na verdade absoluta: a sua própria. A única verdade plausível é que existem diversos pontos de vista, porque cada pessoa é um observador diferenciado.

Para o pensamento criativo, sobretudo, não basta um olhar trivial sobre as coisas. É fundamental explorar abordagens variadas, inverter o problema, investigar sob diferentes ângulos. Flexibilizar-se, sendo capaz de se libertar de ideias arraigadas e, ao mesmo tempo, mudar a perspectiva.

Se você fosse outra pessoa, de outro sexo e nacionalidade, em outro cargo ou papel, como enxergaria a mesma realidade?

NARIZ EMPINADO

Quem sabe tudo não tem nada a aprender e dificilmente dá asas à imaginação. Acaba, inclusive, com suas opiniões inexoráveis, tolhendo o ímpeto criativo dos demais. "Se é arrogante a ponto de achar que já sabe a resposta, a estratégia, o enfoque corretos, nunca vai descobrir que pode haver um modo melhor de fazer o que faz. Ou talvez descubra, mas tarde demais" (Von Oech, 1995, p. 15).

O espírito aberto às novas ideias, por sua vez, demanda pesquisa e experimentação, desarmando-se para alçar voo.

PELO EM OVO

Julgamentos precoces ou constantes são nocivos à criatividade. Por isso tanta gente trava na hora de escrever. Logo de início brigam com o texto, e o crítico interno sabota a imaginação.

O mesmo acontece no cotidiano, quando, afoitos por uma resposta pronta, eliminamos qualquer ambiguidade para ir direto ao ponto. De fato, você só rompe os conceitos lógicos quando pensa ambiguamente.

Há pessoas que estão sempre apontando falhas ou distorções. Como se verá adiante, são ótimas para a fase posterior de advogado do diabo, quando queremos testar uma oportunidade ou uma ideia que desejamos colocar em prática. A função preliminar, não obstante, é a de inventariar o positivo e deixar que o negativo assome com naturalidade (jamais arrasar a criatividade).

Lembre-se: enxergar pelo em ovo coíbe a coleta de ideias. Os momentos de devaneio, bem como a garimpagem de ideias, não podem ser submetidos às críticas prematuras.

Então, preste atenção no hábito de implicar ou ver defeito em tudo, a qualquer momento. Caso queira ressaltar falhas, utilize uma técnica que tornará sua intervenção produtiva (ver "*Brainstorming* negativo", na página 114).

Recordo-me de uma situação de treinamento com o público interno, de "chão de fábrica". Havia uma febre de descontentamento e críticas generalizadas. Evitá-las era contraproducente. Estabelecemos uma regra: para cada crítica, três soluções. Em tempo recorde, as pessoas desenvolveram o hábito de positivar o negativo; o mapeamento dos processos garantiu novas e surpreendentes maneiras de fazer as mesmas coisas, de um jeito melhor e mais eficaz.

DISPERSÃO

A pessoa vive sob pressão, na contramão, forçada por prazos, correndo de um lado para o outro contra o tempo, apagando incêndios. Pior: ela sabe quando está se enrolando ou enrolando os demais e termina o dia exausta, com a terrível sensação de que não foi produtiva. E, claro, já que mal dá conta de administrar o cotidiano, guarda na gaveta projetos que muitas vezes morrem na praia.

Conheci pessoas com uma habilidade espantosa para gerar ideias, que são assaltadas por insights maravilhosos. O problema é que atiram para todos os lados, pulando de galho em galho. A energia criativa se perde porque não se podem pular etapas. Faltam o passo a passo, a maturação de descer os degraus da imaginação, a habilidade da atenção concentrada que prioriza e dá concretude.

Quando não se tem foco, os planos permanecem, infelizmente, no mundo das ideias. Desperdiçam-se talentos, personagens cheios de vitalidade que se envolvem em megaprojetos mas pecam, porém, na fase da realização. Sem contar que a dispersão ocasiona também a prolixidade que dificulta a autoexpressão e, como consequência, a comunicação necessária para tocar os projetos adiante. Segundo o neurocientista norte-americano Gregory Berns, "uma pessoa pode ter um conceito completamente diferente e novo, mas se não tem capacidade para convencer os outros nada conseguirá" (*apud* Tarantino, 2008, p. 87).

Por esse motivo, desenvolver uma mente focada é um passo decisivo para colocar em prática o enorme potencial humano.

CEGUEIRA DAS REGRAS

Durante a infância, com um pouco de sorte, pais e professores favorecem a experimentação e a indelével expressão original. Ou, em vez disso, repassam modelos, padrões do que julgam aceitável, retraindo a criatividade.

Nossa sociedade impõe e precisa de normas. O problema está em nunca questioná-las e manter uma única maneira, às vezes ultrapassada, de olhar as coisas sob velhos prismas.

Lembro-me de uma experiência, em Paris, tempos atrás, com Guy Aznar, em uma de suas oficinas. Eu disse a ele que meus clientes não estavam preparados para trabalhar a criatividade por meio da atividade corporal. "Você está convencida de uma regra de como as coisas devem ser. O medo é seu. Atreva-se!" Emudeci. Constato que ele estava coberto de razão.

Assim, desde sua fundação, a Casa da Comunicação vem rompendo barreiras e normas. Lembro-me, igualmente, de quando eu era cobrada por não usar recursos como o PowerPoint e abusar de jogos, sempre privilegiando o aspecto lúdico e a construção coletiva de um significado ético. Hoje, ao contrário, as pessoas são unânimes ao enfatizar esses diferenciais como qualidades intrínsecas no aproveitamento máximo das atividades:

> Gostei muito do treinamento, superando minhas expectativas. Diferente dos treinamentos vividos até hoje na empresa. A conversa olho no olho, a objetividade, sem material (slides, vídeos etc.), o que não fez a menor diferença. Ótimo! (Érika Sonohara – Sabesp Leste)

> Ao longo da minha vida profissional, tenho passado por inúmeros treinamentos que, na sua maioria, são receitas de bolo. Instrumentos que, aplicados, surtiriam efeitos milagrosos. Este treinamento, como poucos, me fez pensar, sem ter de usar nenhuma ferramenta. Mostrou-me, sim, onde estão as respostas... Obrigado. (Artur Ribeiro – Sabesp Leste)

Desfrutar do conhecimento de maneira original, romper diretrizes normativas e buscar novas abordagens são atitudes que possibilitam, no mínimo, saltos qualitativos.

RESISTÊNCIA ÀS MUDANÇAS

Uma criança em um ambiente seguro e estimulador, recebendo atenção saudável, participa de experiências sensoriais e, por meio dos sentidos, explora, investiga e inventa. Basta deixá-la brincar para que ela seja naturalmente criativa: inventa histórias inspirada em palavras ou objetos eleitos ao azar; cores, tesoura e cola a postos criam florestas e castelos.

À medida que o tempo passa, privilegia-se o desenvolvimento intelectual, e pouco a pouco a habilidade peculiar de dispor dos sentidos de forma livre vai sendo relegada ao segundo plano. Quando nos damos conta, minimizamos aquela faceta capaz de converter sucata em tesouros e de, com escassos recursos, abusar da imaginação.

Cada um de nós, em maior ou menor grau, continua estimulando a criatividade, pois viver é, em grande parte, interagir e adaptar-se, lidar com mudanças inevitáveis. A velocidade do avanço tecnológico, por exemplo, torna tudo obsoleto rapidamente e obriga-nos a uma readequação permanente. Os pais nem sempre acompanham a agilidade dos filhos.

Os profissionais, submetidos à "dança das cadeiras", são bombardeados com transformações cuja lógica é atender a muitas necessidades com menos recursos. É preciso, portanto, além da imprescindível atualização incessante, superar-se sem trégua e flexibilizar-se, a fim de encarar o diverso e o inesperado.

De fato, o que importa é *como* agimos em face do imprevisto, do novo. Basta uma breve introspecção para identificarmos dezenas de situações às quais resistimos e nas quais tínhamos a sensação de que o pior estava por vir, acontecimentos que nos assombraram pelo tamanho da responsabilidade e pelas incertezas que os cercavam.

Lembro-me de um senhor que, em um de meus treinamentos de Gestão de Mudanças, narrou seu pavor, as noites maldormidas e os pesadelos diários de quando teve de substituir suas velhas anotações e aderir ao computador, devido à implantação do sistema informatizado. "Eu tinha certeza de que o mundo havia acabado pra mim", disse, "e, hoje, dá para imaginar a vida sem micro?"

Outros narram experiências em que mudar de unidade ou de setor também lhes deu a sensação de fim da linha. "Eu me sentia no corredor da morte, prestes a ser mandado embora. Não tinha mais os velhos camaradas com quem contar, começava tudo do zero. Veja só, hoje coordeno este posto e percebo que me tornei o profissional que sou porque fui obrigado a meter as caras."

São comuns depoimentos de pessoas que passaram por experiências traumáticas, até mesmo de quase morte, e saíram do processo com uma nova visão: "Eu tinha certeza, ali, inerte na UTI, de que havia chegado minha hora. Quando me recuperei, enxerguei o mundo mais colorido, prestei mais atenção nas coisas, valorizei mais a vida".

Maternidade e paternidade prematuras reservam, igualmente, ótimas surpresas: "Eu fiquei tão assustado quando descobri que seria pai. Não dormia, vivia angustiado. Depois que meu filho nasceu, tudo mudou. Eu me tornei uma pessoa melhor, mais responsável, porque tive de fazer escolhas mais conscientes".

Quando estamos diante de situações desafiadoras, é normal sentir medo. O que faz a diferença é atravessar e confrontar essa situação, resgatando a coragem. Toda vez que enfrentar uma mudança, lembre-se de rememorar as experiências que o enriqueceram. Pode ser que descubra, no final do túnel, um novo patamar de evolução.

ETAPAS DO PROCESSO CRIATIVO

JÁ QUE ALGUNS PADRÕES de comportamento funcionam como inibidores, é fundamental estimular atitudes que favoreçam a aptidão criativa. Os personagens cujos perfis explico a seguir (observador, artista, advogado do diabo, realizador) representam perspectivas facilitadoras e intrínsecas à criatividade.

O que acontece, todavia, é que cada um desenvolve melhor uma dessas facetas. Como mencionei, algumas pessoas, por exemplo, imbuídas da alma de artista, ainda não incorporaram a praticidade do realizador. Por outro lado, há aquelas que são executoras, cumprem tarefas sem descobrir que pode haver um modo melhor de fazer o que fazem. Outras têm um poder fantástico de avaliação, mas criticam antes do tempo, cerceando o artista ou a garimpagem de ideias. Logo, é necessário desempenhar os diversos personagens.

Acontece, também, de termos vários projetos simultâneos. O importante é compreender que o processo criativo tem diversas etapas que exigem competências diferentes. Nenhuma delas pode ser negligenciada. Descubra, portanto, em qual personagem você tem mais dificuldade ou facilidade. É necessário flexibilidade para usufruir dos recursos de cada um deles, sabendo priorizá-los no momento certo.

O OBSERVADOR

Fernando Sabino inicia uma de suas crônicas falando de um momento em que não está inspirado e lança um olhar de observador à sua volta, procurando motivos para escrever.

> Eu pretendia apenas recolher da vida diária algo de seu disperso conteúdo humano, fruto da convivência, que a faz mais digna de ser vivida. Visava ao circunstancial, ao episódico. Nesta perseguição do acidental, quer num flagrante de esquina, quer nas palavras de uma criança ou num acidente doméstico, torno-me simples espectador e perco a noção do essencial. [...] Lanço então um último olhar fora de mim, onde vivem os assuntos que merecem uma crônica. (In Drummond de Andrade, Sabino, Campos e Braga, 1992, p. 41)

Sabino descreve a cena, observada na mesa de um bar, com apurada percepção e extrema delicadeza. Assim, imagino, é o olhar do escritor: instigante e esmerado. Uma contínua observação de si e do entorno, que vasculha a realidade com diligência.

Vale lembrar que no cotidiano, infelizmente, perdemos esse olhar aguçado. A ousadia é converter a rotina em práxis transformadora, o que exige uma observação atenta. É preciso manter as antenas de percepção (os sentidos) sempre alertas, prestar atenção nas pequenas coisas com concentração redobrada, cultivar tanto a visão macro quanto a detalhada e garimpar matéria bruta, xeretando em outras áreas.

A etapa da observação requer, sobretudo, a curiosidade inata da criança. Enxergar o óbvio com outros olhos. Quantas ideias estão à nossa frente, mas não nos damos conta delas? Procurar inspiração em todos os lugares, tal como faria um escritor, perseguir as experiências com avidez, dando tempo ao tempo para degustar cada uma delas.

O ARTISTA

Suspender os julgamentos é condição para que nosso lado artista reaprenda a pensar por imagens. Distanciar-se dos problemas, da autocrítica inibidora, estimular associações espontâneas, confiando no jorrar de ideias.

Realizar síntese, unindo coisas aparentemente desconexas. Estar atento à enxurrada de impressões, sentimentos e sensações. Processar informação e conhecimento, de modo peculiar e original. O tipo de devaneio que nos possibilita investigar as múltiplas conexões da realidade.

Essa etapa nos obriga a correr riscos, sem certezas intelectuais, sem nenhum terreno seguro. Difícil tarefa para nosso lado lógico, que está sempre à espreita com sua visão racionalista. Trata-se de romper com a força dos hábitos e, de maneira associativa, dar espaço à incoerência, à ambiguidade, às divergências.

"E se..." é o grande questionamento do artista, a porta para o imaginário. "E se acordássemos e o único animal existente fosse o urso panda?" O desafio é beneficiar-se diariamente do pensamento criativo, aceitar ideias fragmentadas, associações incongruentes, abrindo-se para o vasto mundo de possibilidades.

Representa, também, colocar-se no lugar de observadores diferentes, revisitar informações e perspectivas diversas. Colocar-se na pele de outro personagem. Imaginar o que ele faria, instigando um olhar de descoberta.

Ousar novas abordagens. Destruir ideias e repensá-las pelo avesso. Em vez de pensar na fome, questionar uma possível distribuição de alimento, por meio de hortas comunitárias. Propor associações impensadas. Algum dia alguém pensou em cadeira e massagem e criou poltronas confortáveis que relaxam e vibram, massageando o corpo.

Outro hábito importante do artista é pensar por metáforas. Procurar algo comum ou semelhante, uma correlação entre o sentido próprio e o figurado. Um bom exemplo, incorporado de maneira muito criativa no jornalismo e na fala, são as metáforas relativas à atividade econômica.

> [...] Há neologismos nacionais, como "laranja" (quem tem o nome usado por terceiros em transações fraudulentas) e "leão" (do imposto de renda), sem equivalentes em outros idiomas. Usar animais possantes é metáfora universal dos negócios (como tigres asiáticos), pois dá ideia de invencibilidade, daí o "leão" da Receita. Mas "conta-laranja", "operação-laranja" ou "empresa-laranja" são exemplos de "coisa nossa" em metáforas da economia. (Salem, 2008, p. 26)

Não menos importante é a etapa de incubação. Melhores ideias podem surgir quando deixamos que o inconsciente aponte novas direções. É necessário, principalmente, deixar o cérebro respirar e relaxar. Fazer uma pausa para coletar novas informações ou apenas mudar de sintonia, dando espaço para que o processo se decante. De repente, do nada, sem nenhum esforço, vem uma nova enxurrada de inspiração.

Em síntese, o artista brinca com as conexões, com as palavras, com a recombinação de ideias por caminhos não usuais. Ao contrário da sisudez e da prudência, características do nosso lado lógico, a criatividade demanda descontração e leveza.

Como já dissemos, se uma criança não é cerceada em sua expressão criativa, ela experimenta, junta conceitos antagônicos e os metamorfoseia. O desafio na vida adulta, contudo, é resgatar essa soltura para deixar-se guiar pelo mundo da imaginação. Suspender as críticas prematuras, correr o risco de errar e apostar em combinações ousadas. Dá trabalho, mas o resultado é a confiança na aptidão criativa.

O ADVOGADO DO DIABO

O advogado do diabo tem a missão de prosseguir a pesquisa do observador e do artista, procurando enxergar/filtrar as ideias coletadas sob novos ângulos. Há um período preliminar dessa etapa, denominado cruzamento, que não é propriamente avaliativo, mas de refinamento de ideias. Consiste em manter, frente a frente, ao mesmo tempo, tanto o estoque de sugestões quanto o desafio/problema. É primordial ter uma pitada de intuição e altas doses de energia criativa, porque, ao cruzar as ideias, surgirão outras – quem sabe até melhores.

Cabe ressaltar que animar um grupo de criatividade, nessa fase, exige muita flexibilidade e foco. Em um ambiente lúdico, as pessoas tendem, por momentos, a fugir do objetivo original. É preciso, no entanto, reconduzi-las ao trilho, explorando a gama de riquezas associativas como um grande laboratório que refina e lapida o diamante bruto. Assim como durante a divergência nos afastamos dos fatores limitadores da realidade, uma vez chegada a reta final é hora de o pensamento convergente cruzar o real com o imaginário.

Não obstante, é fundamental lembrar a primeira regra de ouro do cruzamento: jamais descer, subitamente, os degraus da imaginação. Por essa razão, é imprescindível evitar comentários negativos ou desestimulantes. Toda ideia pode ser aprimorada, observando-se seus aspectos negativos a fim de positivá-los. Aqui, a segunda regra importante: transformar o negativo em positivo. Não se trata de ocultar a crítica, mas de transformá-la em apoio para encontrar uma solução.

"Para obter bons resultados", afirma Roger Von Oech (1994, p. 108), "o juiz deve estar a todo momento localizando ideias obsoletas. Esse é, na verdade, um dos pontos básicos do pensamento criativo." Logo a seguir, ele salienta: "Ter ideias novas é fácil; difícil é abandonar o que funcionava bem há dois anos, mas logo, logo vai ficar obsoleto" (p. 109).

Assim, cabe ao advogado do diabo estar atento não apenas às ideias padronizadas e preconcebidas, como também àquelas que são fruto de velhas crenças que entusiasmam de imediato. Qualquer deslize pode turvar os filtros interpretativos. E, claro, ele não deve perder de vista que, muito provavelmente, aprenderá com os próprios erros.

Já tive oportunidade de presenciar gerações coletivas de ideias que foram abortadas. A tendência geral, diante da falta de tempo para amadurecer as sugestões e conectar elementos disparatados, é apegar-se ao que parece ser mais factível.

Algumas ideias morrem devido ao excesso de crítica; outras, que parecem medíocres, surpreendem com resultados extraordinários; há aquelas que eram óbvias mas só conseguimos enxergar quando nos distanciamos e as deixamos destilar; umas quantas não dão em nada; sem contar as mais absurdas que nos reservam a certeza de missão cumprida.

A mais árdua tarefa do advogado do diabo é, ao consolidar as ideias, escolher a mais original e adaptada ao contexto. Ou seja, ela tem de funcionar, ser realizável. Portanto ele deve, também, averiguar se é o momento adequado de lutar por ela.

Se abusar da crítica, pode desperdiçar todos os esforços do artista; se continuar divagando, a proposta vai permanecer no mundo das ideias. De fato, o advogado do diabo deve administrar essa ambiguidade, lidando de maneira construtiva com as críticas. Nas palavras de

Guy Aznar (2005, p. 59), "O essencial é não quebrar a imaginação com a solidez do real, mas conduzir o imaginário em direção a ele".

O próximo passo é arregaçar as mangas e partir para a prática.

O REALIZADOR

Lembro-me do semestre em que vislumbrei a criação da minha empresa. As ideias foram me atropelando, dia e noite, como se tivessem vida própria e eu apenas devesse estar receptiva àquela tempestade criativa. Juntei informação, conhecimento, experiência e, ao cabo de pouco tempo, a Casa da Comunicação estava desenhada no papel. Depois, respirei fundo e comecei o trabalho de construção e recriação que dura até hoje.

Seria irrisório mencionar os esforços infindáveis e as madrugadas que passei desperta, criando ou concebendo estratégias e planejamentos. Foi um caminho árduo, cheio de percalços e imprevistos, atravessando, às vezes concomitantemente, todas as etapas do processo criativo.

A fase de implantação é, sem dúvida, a mais áspera e onerosa. Por esse motivo, o caldeirão da criatividade precisa estar em permanente ebulição, já que dele provém a paixão inesgotável. Trata-se do combustível que impulsiona, orienta e estimula o realizador a colocar em prática o que imaginou.

Ter uma ideia pode ser simples. De repente, você está relaxado, olhando as nuvens no céu ou deitado na banheira e quase não se contém de euforia: a ideia está ali diante de você como um cristal. A lâmpada do gênio ilumina tudo à sua volta.

Implementá-la, no entanto, são outros quinhentos. Do realizador é exigido, acima de tudo, foco: disciplina e empenho decidido. Afinal, é provável que vá enfrentar resistências, obstáculos, intempéries e o pior: o risco de não dar certo e de presenciar o sequestro da sua razão. Transformar uma ideia em ação demanda, no mínimo, coragem suficiente.

Claro que dá menos trabalho deixar as coisas seguirem seu curso, sem nossa intervenção. Engavetar projetos, manter um depósito empoeirado de ideias e nunca lutar por elas. Ou relegar àquelas mentes brilhantes o privilégio da criatividade, enquanto executamos mecanicamente, sem brilho ou satisfação real, nossa rotina diária.

Criatividade é sair da zona de conforto.

A COLABORAÇÃO CRIATIVA

OS LAMPEJOS DA IMAGINAÇÃO são como vaga-lumes insistentes que indicam novas direções, como se nos afastássemos, desviando-nos das rotas habituais. Distanciar-se para ver o complexo emaranhado de nuvens e, do alto, vislumbrar o mosaico de possibilidades. Depois, regressar à casa e, com delicadeza, recolher as sementes do imaginário e cultivá-las para vê-las frutificar.

Igual a debruçar-me horas a fio para escrever este livro, sem saber aonde ele me conduzirá, avivando o respeito profundo pelo gênio criador que reside, por vezes adormecido, em cada um de nós. Enquanto me apodero da minha própria expressão criativa, lembro-me de que quero instigar, acima de tudo, nossa reconstrução.

Vivemos em células sociais. Assim, o desafio extraordinário é inovar em conjunto, apoiando-nos reciprocamente. Concordo com Domenico De Masi (2002, p. 703) quando afirma que a criatividade é necessária: "Na sociedade pós-industrial, poderíamos dizer que o prazer, principalmente o prazer da criatividade, é um dever. E a participação criativa garante um dos prazeres mais intensos, mesmo porque é prolongada no tempo e salpicada de pequenas alegrias comuns, ansiedades e esperanças, compartilhadas".

Seria redundante enumerar os incontáveis benefícios do investimento das empresas no potencial criativo de suas equipes. A tônica que alavanca esses esforços deve, contudo, contemplar, antes de tudo, a responsabilidade social.

Superabundam os recursos para exterminar a fome e a dor. No entanto, ainda engatinhamos na colaboração criativa. Herdamos experiências, princípios e valores que bastariam, por si sós, para reconstruir uma história mais igualitária. Falta-nos, no mínimo, dar vazão ao sopro da criatividade, perseguindo a valorização humana e o ideal de uma sociedade mais justa.

3 DESENVOLVENDO A APTIDÃO CRIATIVA

ANTES DE COLOCAR A MÃO NA MASSA

JÁ SABEMOS A FORÇA de velhos hábitos: gostamos de comer as mesmas coisas, estar com certas pessoas, frequentar determinados lugares, preservar o repertório de respostas quase prontas às mais variadas situações. O difícil é aquele jogo de cintura tão essencial para lidar com saias justas que nos pegam de surpresa.

Nem sempre é confortável confrontar situações inusitadas, abrir-se às experiências cujo roteiro é imprevisível, exigindo, além de foco, muita criatividade. É, todavia, ainda mais desafiador assegurar o foco na atitude de qualidade, estando receptivo ao movimento incerto e mutável dos acontecimentos.

Temos a chance de repetir hábitos e padrões ou, ao contrário, de nos "recriar", fortalecendo a autoconfiança e a expressão criativa. Apresento, neste capítulo, algumas atividades e técnicas para exercitar o olhar de descoberta e o potencial de adaptabilidade e flexibilidade.

De acordo com pesquisas dos cientistas norte-americanos Charles Limb e Allen Braun, "na hora de criar, o cérebro tira de campo o setor que controla a adequação das ações ao ambiente e que antecipa e planeja como devemos nos comportar a cada momento" (*apud* Tarantino, 2008, p. 84). Por isso, o intuito é, sobretudo, quebrar a rotina, correr o risco de provar comportamentos inusuais que estimulem a inventividade, o novo.

Fiz questão, propositadamente, de sugerir algumas situações de lazer. O objetivo é transformar o tempo livre em ócio criativo, expondo-se a novas aprendizagens. Espero, acima de tudo, a abertura ao desconhecido, com o intuito de uma reeducação.

Orientar um jovem ou executivo para a criatividade, segundo Domenico De Masi (2000, p. 304), representa "educá-lo para não temer o fluir incessante das inovações. 'É na mudança que as coisas repousam', já dizia sabiamente Heráclito". Mais adiante, De Masi faz uma reflexão que traduz exatamente a razão de ser do meu trabalho e deste livro: "Educar significa enriquecer as coisas de significado, como dizia [John] Dewey. Quanto mais educado você for, um maior número de significados as coisas suscitam em você e mais significados você dá às coisas" (p. 327).

Espero que o leitor encontre muitos significados, recriando-se indefinidamente...

CULTIVE A SEMENTE DA CRIATIVIDADE

QUER QUEIRA QUER NÃO, usufruímos de nosso potencial criativo nas coisas mais simples da vida: no jeito de arrumar as flores, de colocar os quadros, de montar nosso quarto, de preparar o almoço, de suprir nossas necessidades, de resolver os problemas aos quais nunca faltam boas e melhores ideias e, sobretudo, na hora de fazer mais com menos.

Você aprende a andar de bicicleta andando de bicicleta. Você será mais criativo à medida que combinar diversidade, observação, curiosidade e muita ousadia para questionar e estimular sua mente.

Um projeto ambicioso que quebra regras, a viagem improvisada que lhe deu tanto prazer e tanta inspiração, um jeito astucioso de lidar consigo mesmo, uma resposta aleatória que abre inúmeras portas ao inusitado.

FOCO E CRIATIVIDADE

Aquela ideia relâmpago que o assalta quando está na estrada, os pensamentos aparentemente simples, as junções surpreendentes, as soluções ao acaso, as respostas maturadas e gestadas no inconsciente: tudo isso é um rico material para dar vazão à criatividade que já existe em você.

Ichak Adizes (1998, p. 64) coloca uma questão que diz respeito a todos: "Quando uma empresa se adapta à mudança, ela está apenas fazendo o mínimo para sobreviver. Para ter sucesso, precisa se antecipar à transformação, ser mais rápida do que a transformação".

É fundamental, portanto, levar a sério os processos de geração e de coleta de ideias, de criar valor com base nelas. Cultivar o *espírito empreendedor* como principal garantia de enfrentar os imprevistos com sabedoria. Manter-se receptivo às especulações e enxergar possibilidades. Mudar de perspectiva, mudar a rotina, mudar de ideia até que aquela boa ideia apareça.

Faço minhas as palavras de De Masi (2002, p. 430): "É preciso estar sempre pronto a transferir-se, a mudar de humor, de ideal, de trabalho. A verdadeira virtude da época é a total mobilidade".

JAMAIS DEIXE SUAS IDEIAS MORREREM NA PRAIA

Quantas grandes "sacadas" ou ideias brilhantes não permanecem no porão do inconsciente ou nas gavetas empoeiradas? Para dez segundos de inspiração, são necessárias muitas horas de transpiração. Por essa razão, pode-se afirmar que disciplina e criatividade andam de mãos dadas. Além da boa dose de intuição, é indispensável revigorar o realizador que coloca as ideias em prática.

Lembre-se: ficar só na imaginação é tão nocivo quanto permanecer no limbo por ter medo de errar ou por resistir às mudanças. Correr riscos é a única maneira de inovar.

Alimente a autoestima para apostar na sua aptidão criativa. Descondicione o pensamento. Capriche nas associações insólitas: quanto mais disparatadas, melhor. Permita-se pensar em coisas absurdas ou sem sentido. Aproveite as sacadas como lampejos que podem surpreendê-lo a qualquer hora. Anote as sugestões que inundam o céu da mente (deixe de lado a crítica).

O PAPEL DA DETERMINAÇÃO

UMA MENTE CRIATIVA domina algo com paixão. Está sempre pensando em encontrar novas possibilidades de fazer melhor as coisas e vislumbrar sua plena aplicação. É uma permanente inquietação que salta de uma ideia a outra, processando sínteses, combinando e surpreendendo com uma maneira diferenciada de abordar o mundo.

A criatividade começa quando as pessoas se sentem motivadas pela pura alegria de fazer o que fazem. Nessa hora, não se preocupam em ser recompensadas nem em agradar alguém. É uma energia que as impulsiona a fazer alguma coisa por simples prazer.

Às vezes, você não tem recursos nem suporte. Contudo, é capaz de uma dedicação sem trégua, permitindo que a inteligência intuitiva se manifeste. Significa alimentar, continuamente, o processo criativo, tornando-se persistente e apto a altos padrões de trabalho para correr atrás dos seus sonhos.

O escritor José Predebon (2003, p. 35) fala do engajamento pela determinação:

> [a pessoa engajada] pesquisa, lê, faz cursos e, o que é mais importante do que qualquer outra coisa, tenta, tenta, tenta. Não desanimando com insucessos ou erros, acaba rompendo seus bloqueios e otimizando seu potencial. Adquire, por vontade própria, a capacidade de criar como um ato normal de exercício de sua personalidade.

Predebon sugere o resgate de alguns valores relacionados ao que ele denomina "idade da criatividade". De fato, é como se tivéssemos de recuperar aquela criança que fomos um dia. Ela brinca, tenta uma vez, outra e outra. Não se cansa nunca. Está sempre pronta a questionar, a inventar, a xeretar tudo que comumente não se olha, até por educação.

É tão importante identificar os sabotadores da criatividade quanto incorporar mudanças de atitude desejáveis. Ninguém, no entanto, vai exercer o máximo de sua criatividade se não se convencer dos efeitos de interferir no mundo com suas tentativas. Então, tente, tente, tente...

A FORÇA DE VONTADE

APRENDER ALGUMA COISA pode levar tempo. O difícil, porém, é sair da acomodação, desaprender. Como enfatiza o professor Victor Mirshawka (2003, p. 208), "A ignorância é uma bênção, porque é o estado ideal para aprender. Se você admitir que não sabe, é mais provável que faça as perguntas que o farão aprender [...]. Quanto mais você sabe, mais percebe que não sabe. A chave é aceitar essa incerteza, mas não se deixar paralisar por ela".

O aprendizado da criatividade não acontece em um passe de mágica. A questão é mobilizar a vontade o bastante para desenvolver-se diariamente. De nada serve ler este livro em uma noite e não pensar mais no assunto. Não adianta abrir uma trilha na floresta e, quando surgirem os primeiros obstáculos, abandonar a empreitada. Ao contrário, se persistir, ao cabo de um mês você se surpreenderá.

Assim funciona a aquisição de um hábito. Se deseja investir na aptidão criativa, você precisa diversificar os centros de interesse e fuçar em outras áreas, como um farejador ávido. Tornar-se um investigador e observador nato. Coletar informação de múltiplas fontes e registrar os pensamentos que despencam a qualquer hora. Deixar-se inundar de associações espontâneas.

É igualmente importante gostar, gostar muito mesmo, do que faz, nutrindo-se com doses regulares de autoestímulo e autoconfiança. E, claro, adicionar um punhado generoso de otimismo, a fim de lançar-se ao desconhecido.

Espero que junte dedicação e perseverança para provar as sugestões a seguir.

QUEBRAR A ROTINA

Incorporar a atitude criativa no dia a dia implica não apenas fazer coisas novas, como também mudar o jeito de fazer o que é corriqueiro. Atreva-se a descobrir rotas alternativas. Reinvente, deixando espaço para o novo. Use uma pitada de ousadia para sair da rotina.

Lembro-me de uma dinâmica cujo objetivo era fazer algo extremamente absurdo. Uma pessoa, sem pestanejar, começou a lamber o vidro do salão. Os demais participantes, atônitos, começaram a rir e o bom humor tomou conta do grupo. Proponho que encontre uma forma de quebrar paradigmas ou de "lamber o vidro" a seu modo.

A proposta é dedicar-se, uma vez por semana, a fazer algo que seu bom senso julgaria absurdo, com o objetivo de sair da zona de conforto e dispor-se ao inesperado.

Relacione atividades que considere prazerosas, diferentes ou divertidas e nunca ousou tentar. Pois tente agora. Pode ser um esporte radical, um curso de clown, andar na chuva, tomar um banho de mar ao luar ou conhecer todos os parques da cidade.

Há algum tempo, pensei em ir a pé ao Mercado Municipal de São Paulo. Isso me parecia desproposital, já que é bem distante de onde moro. Ainda assim, iniciei a caminhada. Depois da primeira vez, não parei mais, percorrendo a cada sábado um roteiro diverso. Conheci personagens hilariantes, descobri belezas no velho centro da capital e conversei com gente do mercado que até hoje me chama pelo nome. Agora, o passeio virou rotina e estou pensando em como "lamber o vidro" outra vez...

BRINCAR FAZ BEM

Diz Rubem Alves (2005) que "os sentidos – a visão, a audição, o olfato, o tato, o paladar – são órgãos de fazer amor com o mundo, de ter prazer nele". Aguce seus sentidos para sentir prazer nas pequenas coisas.

Quase nunca brincamos. Somos, ao contrário, devorados pela seriedade e pelos prazos. É necessário resgatar a leveza e a arte da contemplação. Aqui e agora, você pode ser muito mais feliz, ser mais você. E nisto somos bons: sabemos como nos realizar, encontrando sentido na vida. Ávidos de felicidade, é por meio da criatividade que mobilizamos a energia necessária em prol de nós mesmos e dos demais.

Quais eram suas brincadeiras favoritas de infância? E agora, na vida adulta, como você se diverte?

Que tal escolher um dia por semana e levar sua criança interna para se divertir? Faça algo que não tenha nada que ver com o que já faz. Algo surpreendente. Não valem programas com alguém, nem com seu filho. A única pessoa que vai participar é você. Pode ser sair de casa sem rumo, sem lenço, sem documento; pintar ou desenhar; dançar ao som de ritmos que nunca dançou; fazer caretas engraçadas no espelho e rir de si mesmo; sentar na calçada e papear com o velho guarda que vigia seu bairro; bolar expressões corporais para suas sensações, brincando com o corpo... Enfim, só você pode descobrir quais atividades diferentes das usuais também podem lhe proporcionar alegria intensa.

É importante estar consigo mesmo, nutrindo seu lado lúdico.

DESOPILANDO O PALADAR

Quais eram suas sobremesas prediletas quando criança? Eu, particularmente, era enfeitiçada pelo pão de ló com lascas de limão que as mulheres da minha infância preparavam como ninguém. Ficava de pés juntos, torcendo para sobrar clara em neve que virava suspiro.

Sugiro que, uma vez ou outra, você volte a saborear delícias inesquecíveis, dando um trato no seu paladar.

Ou, a fim de flexibilizar o gosto, prove algum prato que nunca experimentou. Isso mesmo: uma vez por mês, proponha-se a ir a um restaurante para degustar uma comida bem diferente. Se gosta de brincar de mestre-cuca, pesquise na internet receitas de comidas regionais, até mesmo de outros países. Comece por aquelas que dão água na boca e, pouco a pouco, ouse receitas estrambóticas.

Durante certo tempo, provei de tudo um pouco. Chegou um momento em que eu alternava: doces japoneses (há uma goma verde que se parece com chiclete e docinhos de feijão que as crianças confundem com chocolate); doce de nata, especialidade dos libaneses; comida indiana (muitos temperos diferentes); pão árabe, italiano, japonês ou indiano.

Lembro-me de quando experimentei comida japonesa pela primeira vez. A princípio fiquei horrorizada com aquele prato de peixe cru na minha frente, depois me tornei assídua degustadora das delícias orientais.

Elimine de seu vocabulário a velha expressão "Não gosto" sem nunca haver provado ("Não comi e não gostei!"). Aprecie com prazer as maravilhas culinárias.

VISUAL DIFERENTE

Muitos de nós, ao abrir o guarda-roupa, deparamos com as inevitáveis roupas pretas que nos salvam de poucas e boas. Temos um

FOCO E CRIATIVIDADE

gosto formado, um corte de cabelo e um estilo de vestir que já faz parte de nossa personalidade.

A ideia é que você, periodicamente, experimente uma cor que não lhe é habitual. Se não gosta de tons quentes, comece por variar os tons pastel. Mas, se quiser quebrar a rotina, faça um corte de cabelo radical, dê-se a oportunidade de colocar uma roupa inusitada.

Se você gosta de ternos escuros, que tal cores médias e naturais, como cáqui ou cru? Ouse na roupa esporte.

Se sempre usa meias de seda, vá um dia sem meias. Se preferir calça comprida, prove vestidos descomplicados e elegantes. E, como diria Gloria Kalil (2004, p. 192), "invista em sapatos interessantes, modernos e de bom desenho".

A não ser que seja uma pessoa antenada na moda ou muito vaidosa, é provável que você mantenha um modo sempre igual ou até ultrapassado de se vestir. Proponho que brinque com seu visual. Expanda as fronteiras das novidades e dos conceitos do bom gosto. Vista-se com criatividade!

A CASA DE PERNAS PARA O AR

É interessante mudar também a "cara" da casa: inverter a posição do sofá e da poltrona, renovar os quadros ou mudá-los de lugar, pintar uma parede de laranja ou vermelho, renovar as plantas, remover as quinquilharias e se desfazer das coisas que nunca encontrará tempo de ajeitar.

Às vezes, basta comprar algum elemento de decoração – uma orquídea, umas almofadas, um arranjo de flores secas –, substituir as fotografias dos porta-retratos ou reformar velhos móveis.

Lembro-me de quando, há dez anos, pintei a fachada da Casa da Comunicação de verde-claro, pouco usual na época. Minhas amigas não ousaram fazer comentários, e o silêncio delas dizia tudo. Os vizinhos olhavam abismados. O tempo passou e hoje encontram-se casas de todas as cores e tonalidades do arco-íris. Enfim, é só usar a imaginação.

GENTE NOVA

Com o mesmo espírito inovador, por que não escolher um dia por semana para conversar com pessoas novas? O cara que trabalha no andar de baixo, o porteiro da tarde, o garçom, o senhor da banca, a ascensorista, a moça da contabilidade que você nunca viu mais gorda, o pastor ou o padre da paróquia do bairro.

É ainda mais interessante aproximar-se de pessoas com as quais as chances de encontro são mínimas. Pois trate de sondar o entorno e se aproximar de alguém diferente.

É comum, no ambiente profissional, as equipes trabalharem em interdependência. Quase nunca, contudo, têm a chance de se conhecer. É uma boa hora para ter aquela conversa "olho no olho" com o cliente (interno ou externo) com quem você se corresponde só por e-mail.

LUGARES NOVOS

É imprescindível propiciar-se estímulos diversos, conhecendo novos lugares. Às vezes, é suficiente passear a menos de cinquenta quilômetros para mudar o cenário, deliciar-se com a natureza e com a diversidade arquitetônica e humana.

Sugiro que, uma vez por mês, você quebre a rotina para desbravar o desconhecido. Vale a pena também, nas férias, escolher lugares diferentes, cidades, regiões ou países que lhe permitirão trocar radicalmente o papel de parede.

Quanto mais distante puder ir, maiores as surpresas e a ginástica sensorial que lhe possibilitarão experiências múltiplas. Você alegra o observador e o artista e, de quebra, aproveita para disci-

FOCO E CRIATIVIDADE

plinar seu advogado do diabo a desfrutar dos pequenos prazeres que a alegria de estar vivo lhe proporciona.

Vale enfatizar a importância de abrir mão das comparações, dos gostos e desgostos, a fim de nutrir aquele encantamento natural da criança ou do turista que se maravilha diante de novas descobertas.

Aproveite e faça um tour pela cidade em que mora. Descubra os bairros que preservam seu charme natural.

DESCOMPLICANDO AS SITUAÇÕES

Nem sempre dispomos de condições propícias para desempenhar uma função ou realizar uma tarefa. Os imprevistos acontecem e, frequentemente, nos pegam de surpresa. Determine-se a lançar um olhar diferenciado diante de cada circunstância. Encare tudo como um novo desafio.

Acabou a luz ou a tinta da impressora, alguém importante falhou no processo? Não importa, você arregaça as mangas e se vira para resolver a questão, com ânimo e empenho renovados. Significa confrontar os percalços inevitáveis, adotando o olhar do artista que tem não apenas uma, mas várias ideias possíveis para a mesma questão.

Aliás, treine-se, diante de cada situação-problema, a propor duas ou três soluções. Nunca se contente com uma única resposta. Há diversas formas que dependem da sua criatividade. Para tanto, o lema é descomplicar e propor um novo olhar.

A fim de treinar o jogo de cintura, você encontra, a seguir, algumas situações que precisará de imaginação para resolver. Para cada uma, relacione três alternativas de ação, sem se preocupar com as consequências. Evite as respostas óbvias. Brinque com sua imaginação!

- Você perdeu a chave de casa. São três horas da manhã e, para ajudar, você esqueceu seu celular no carro, que está na oficina.

- Hoje à noite é a festa de encerramento do ano da sua empresa e você vai receber um prêmio. Só que também é a formatura do seu filho e as bodas de ouro de seus pais.
- As companhias aéreas entraram em greve e você está sentado ao lado de centenas de pessoas que esperam a liberação dos voos. Quando anunciam o primeiro voo, você não tem direito a ele. Entretanto, se não pegar esse avião, deixará o presidente da sua empresa esperando, sem contar que a reunião marcada representa a chance profissional que esperava havia tanto tempo.

DIVERSIFICANDO

Já que a maestria da criatividade está em explorar, misturar, combinar, subtrair ou somar, é imprescindível nutrir-se de informação e conhecimento diversos. Quanto mais ampla e variada for sua cultura, mais enriquecedoras serão as combinações entre conceitos e dados e maiores as chances de ter matéria-prima para criar.

Segundo o psicólogo Keith Sawyer, da Universidade de Washington, "Criatividade é apenas conectar coisas, e as ideias mais originais são aquelas que juntam conceitos diferentes entre si. Por isso, o melhor para ser mais inventivo é explorar o mundo. E, enquanto estiver aprendendo, prestar atenção ao modo como isso acontece" (*apud* Tarantino, 2008, p. 83).

Torne-se um curioso. Pesquise, nos sebos e nas bibliotecas, assuntos que diversifiquem sua bagagem cultural. Leia não apenas os livros relacionados à sua profissão, mas busque imaginação em outras áreas.

Caso tenha perfil de autodidata, veja se consegue participar, como ouvinte livre, de cursos em alguma universidade. Reserve um tempo regular para estudar. Faça analogias, cruzando informação e experiência.

Faça cursos surpreendentes, participe de grupos de estudo, experimente alguma atividade que fuja totalmente de sua rotina.

UM BANHO DE BELEZA

Refiro-me à beleza das flores, da visão expressionista de Van Gogh, da Isla Negra cantada pelo poeta Pablo Neruda, dos filmes inenarráveis de Almodóvar, dos espelhos d'água azuis como reflexos do céu, da prosa perfeita de Machado de Assis, da *Nona sinfonia* de Beethoven, da flor-de-laranjeira que enfeita as planícies, do Cirque du Soleil e suas peripécias fervorosas, das mil e uma noites que se eternizam e daquele origami delicado que faz você sonhar.

Quero incluir a alquimia culinária do chef catalão Ferran Adriá. Não é à toa que ele é reconhecido como um dos melhores chefes da cozinha internacional. Seu restaurante – El Bulli – fecha as portas ao público durante seis meses, período em que ele viaja pelo mundo e se dedica com sua equipe à criatividade, à inovação incessante.

Você também precisa dedicar-se à beleza, à leitura, ao deleite da arte e da natureza, ao culto do repouso e da privacidade. Embeber-se da inspiração dos grandes artistas que atiçam o caldeirão criativo. Fechar as portas ao estresse, a fim de deixar espaço para a serenidade da sabedoria. Consagrar momentos ao relaxamento e à introspecção, ao refinamento e ao belo.

Lembre-se: criatividade demanda riqueza associativa, mais do que uma boa memória. Significa ligar conceitos por rotas incomuns. Representa, assim, bisbilhotar em outras esferas, ampliar o repertório cultural com uma vasta gama de conhecimentos – os mais variados possíveis, de interesses intelectuais e estéticos.

Portanto, tome muitos banhos de beleza...

PERCEBENDO O POSITIVO EM SITUAÇÕES ADVERSAS E VICE-VERSA

O ser humano tende a se fixar apenas no lado positivo ou no lado negativo das situações ou dos acontecimentos. Esta técnica é uma boa ginástica mental que nos impele a encontrar algo positivo em uma situação adversa ou a identificar aspectos negativos no que, eventualmente, seria considerado positivo ou atraente.

Brinque com a imaginação, aponte o maior número possível de respostas a cada um dos desafios abaixo. Aliás, quando estiver empolgado com uma ideia, exercite-se a apontar todos os seus aspectos negativos. Do mesmo modo, quando rechaçar uma situação, procure olhá-la pelo ângulo oposto, detectando suas características positivas.

Eis algumas sugestões de desafio:

- Você acaba de ganhar um prêmio para dar a volta ao mundo durante seis meses. Cite as consequências negativas.
- Você foi demitido sem justa causa em um momento de crise econômica. Enumere os efeitos positivos.
- Um novo vizinho acaba com seu sossego: ele é pianista e toca 24 horas por dia. Identifique vantagens.
- Sua carteira de motorista foi apreendida por excesso de multas e você perdeu o direito de dirigir veículos. Teve de passar uma semana no Detran, das 8 às 13 horas, fazendo o curso para obter sua liberação. Arrole os benefícios.

RELAÇÕES FORÇADAS

Trata-se de uma técnica destinada a ampliar o número de soluções para um problema. O princípio é uma escolha arbitrária de palavras ou objetos que devem ser associados ao problema em questão. Isso força uma ruptura com as associações habituais ou regras fixas. O trabalho consiste em misturar, combinar, sintetizar ideias.

FOCO E CRIATIVIDADE

Vamos imaginar o seguinte desafio: ser mais criativo.

Você escolhe, aleatoriamente, algumas palavras ou objetos. Por exemplo: quebra-cabeça, vitrola, melancia e lista telefônica. Em seguida, relaciona-os ao problema, liberando a imaginação. A tarefa implica buscar soluções por meio de relações forçadas com as palavras acima.

Vejamos algumas respostas possíveis.

Vitrola: vou dedicar mais tempo ao ócio criativo e me tornar um colecionador de velhos LPs. Compro uma vitrola e reservo uma noite para o deleite musical. Aproveito e renovo minha coleção de CDs, sobretudo com música clássica e instrumental. Assim, não vou me esquecer de relaxar com mais frequência.

Melancia: adoro melancia e percebo que há tantas coisas que eu gosto de fazer e quase nunca me dedico a elas. Pronto: vou colocar uma melancia, na forma de ímã, na porta da minha geladeira. Desse modo, lembrarei a cada dia de fazer alguma coisa que me dê muito prazer. Sem contar que melancia é dura por fora, quase impenetrável, igual a algumas "buchas" com as quais a gente tem de lidar no cotidiano; por dentro, ao contrário, ela é macia e saborosa, como nas vezes em que a gente resolve tudo de maneira rápida (e sofre à toa por antecipação). Vou adotar a filosofia da melancia "pode vir que eu traço". Só é preciso prestar atenção nos caroços, ou seja, nos imprevistos.

Continue você com as outras palavras:

Quebra-cabeça: _____

_____

_____

95

_____
_____
_____
_____
_____
_____

Lista telefônica: _____
_____
_____
_____
_____
_____
_____
_____

Quando tiver algum desafio pela frente, escolha palavras ao acaso e brinque com sua imaginação, relacionando-as ao problema para encontrar soluções abertas e inusitadas.

INTROSPECÇÃO CRIATIVA

Algumas pessoas, no final do ano, aproveitam para dar uma geral em casa e se desfazer do inútil. Há quem aproveite para fazer um balanço da própria vida e firmar novos propósitos para o ano seguinte.

O que eu sugiro é fazer uma introspecção de maneira regular na sua vida. De tempos em tempos, junte os fatos, recorte as lembranças, some as experiências, reduza os desperdícios de energia, aperte o passo, desacelere, enfim, utilize verbos para dar uma reviravolta na rotina.

Então, vamos lá, olhando para seu modo de vida, se pudesse promover mudanças imediatas, o que você...

- Congelaria?
- Concertaria (conciliaria, ajustaria)?
- Consertaria (repararia, corrigiria)?
- Suprimiria?
- Renovaria?
- Iniciaria?
- Mudaria radicalmente?
- Valorizaria mais?
- Diminuiria?
- Ampliaria?
- Juntaria?
- Somaria?
- Transformaria?

E do que você desistiria?

DIÁRIO DE BORDO

Nada como levar um caderninho, sempre a postos, para anotar ideias, frases, sugestões, associações, sensações, nomes estrambóticos e sugestivos. Aquelas imagens carregadas de significado que podem nos surpreender a qualquer momento.

Se preferir, mantenha um diário para relatar sua apreensão da realidade. Confie na percepção. Anote também os sonhos. Eles nunca são lineares. Para falar deles, você usa diversos recursos. Seja paciente. Escreva com rapidez e regularidade. Evite as críticas que podem bloquear a espontaneidade.

Registre também os insights ao acaso. Quem sabe encontrará uma nova maneira de fazer a mesma coisa de um jeito novo e melhor.

› O ABECEDÁRIO DAS BOAS IDEIAS

- Não avalie ou critique as ideias prematuramente.
- Aprenda a confiar no jorrar de ideias. Anote tudo.
- Lembre-se de que nem sempre as ideias vêm prontas. É necessário esculpi-las ou aperfeiçoá-las.
- Quando as ideias esgotarem, "esqueça" provisoriamente o problema, deixando a mente trabalhar por você.
- "Brinque" com elas. Alie o conhecimento à imaginação.
- Conhecimento é importante. Busque nas mais diversas fontes o alimento relativo aos seus tópicos de interesse.
- Mantenha sempre acesa a chama da criatividade, aguçando sua curiosidade com leitura e música de qualidade, bom gosto e beleza.
- Fuja de ambientes medíocres.
- Transforme os problemas à sua frente em oportunidades e desafios.
- Sintonize o canal positivo de sua mente (e não o negativo). Por exemplo, em vez de dizer "Será que nós podemos?" ou "Será que vai funcionar?", diga "Como podemos?" ou "Como faremos funcionar?"
- Seja tolerante e paciente com os outros e consigo mesmo.
- Abra mão do dogmatismo.
- Coopere com as pessoas.
- Partilhe informação, conhecimento e experiência.
- Entenda o ponto de vista do outro.
- Faça uma lista de atividades que despertem em você um estado mental propício ao exercício da criatividade.
- Reserve tempo ao ócio criativo...

• • •

4

A CRIATIVIDADE EM GRUPO

A EXPLORAÇÃO DAS TÉCNICAS

HÁ UM VASTO LEQUE DE TÉCNICAS de criatividade. Nenhuma é melhor do que a outra. Resta saber como agenciá-las na caça às ideias. Prender-se a uma única ferramenta, enfim, não é nada criativo. Vale a pena explorar os benefícios de novas metodologias ou sistemas de pensamento.

A propósito da supremacia de algumas técnicas em detrimento de outras, Guy Aznar (2005, p. 15) confessa que desejaria que as escolas de criatividade se apresentassem em pé de igualdade: "Considero anormal que a Conferência de Buffalo não conceda, por exemplo, um espaço maior a Edward de Bono ou à cinética [*synectique*]; que a Conferência dos Inovadores, à margem da técnica de 'coleta de ideias individuais', não apresente as técnicas de desvio; que Bono, em seus livros, ignore Triz; etc."

Guy Aznar vem enriquecendo, há décadas, a pesquisa e a prática da criatividade. Sua obra *Idées – 100 techniques de créativité pour les produire e les gérer* (2005), em particular, reúne com maestria exemplar as diversas técnicas organizadas em três famílias: família de desvio (técnicas oníricas, projetivas, de encontros forçados, de deformação); família de técnicas analógicas (metáforas, parábolas, analogias simbólicas ou metafóricas etc.); família do *brainstorming*, sem dúvida a mais conhecida.

Segundo ele, as famílias e suas respectivas técnicas têm prós e contras. Uma razão a mais para investigar a riqueza de todas elas. Com o tempo, aprendemos a identificar as mais apropriadas a cada circunstância, de acordo com a necessidade e o perfil do grupo.

Aliás, vale uma ressalva: algumas técnicas deste capítulo, sugeridas para o trabalho coletivo da criatividade, também podem ser exploradas individualmente.

ATITUDE GRUPAL

É RECOMENDÁVEL INICIAR com alguma atividade de descontração que mobilize as pessoas e fomente um ambiente propício ao lúdico e, por conseguinte, ao bom humor. O trabalho corporal, por exemplo, propicia uma linguagem que vai muito além do entendimento intelectual. Pode, inclusive, favorecer a coesão do grupo.

As pessoas precisam sentir que são apoiadas (jamais criticadas ou julgadas) para que se expressem livremente. Cabe aqui outra ressalva: evitem a pressa, a corrida para soluções imediatas. É fundamental respeitar as etapas do processo criativo. Nesse sentido, as impressões vagas e ideias incompletas devem ser aceitas e amparadas por todos.

A linguagem muitas vezes é subjetiva. Porém, quando a expressão criativa encontra ressonância no grupo, funciona como combustível e alavanca a produção contínua de associações. Daí a importância da escuta atenta e delicada do outro. A ideia de alguém ressoa em mim e eu a transformo, enquanto outra pessoa já a completou ou a levou em outras direções. Em suma, a ideia nunca é individual, mas gerada em grupo. A tônica é a confiança mútua, como garantia da colaboração criativa.

Respeitar e somar com as diferenças. É o que o escritor Ichak Adizes denomina diversificação unida. Ou seja, indivíduos diferentes trabalham em conjunto, cooperando uns com os outros, quando e sempre que exista um foco que funcione como elemento de coesão. Para Adizes (1998, p. 66), "a diversidade não tem de solapar a unidade e também não se trata de usar a unidade para destruir a diversidade".

Na sequência, proponho algumas técnicas que podem ser utilizadas separadamente ou eleitas de acordo com a necessidade e o tempo disponível. O que importa é extrair o potencial criativo das pessoas e, principalmente, aprender a fazer criatividade em grupo. É a única forma de garantir a qualidade total ao fazer mais com menos.

REFRESCANDO A MEMÓRIA

O PRIMEIRO PASSO É SE IMPREGNAR do problema visceral, emocional e intuitivamente – e não apenas intelectualmente. Em seguida, por meio de *inputs* aleatórios ou mais racionais, promove-se o distanciamento com o intuito de estimular o imaginário (às vezes, obtemos apenas fragmentos ou sensações, e não propriamente ideias).

Um bom exemplo é o mapa mental (*mind map*) de Tony Buzan (ver o item "d", na página 104), que costuma ser muito útil como processo intermediário de impregnação ou de pistas de ideias.

O próximo passo é descer, devagar, os patamares da imaginação. Cada patamar, no entanto, é também um novo laboratório de ideias. Caberá à inteligência do advogado do diabo avaliar o trabalho do observador e do artista e, por fim, bater o martelo.

Trata-se, em primeira instância, de dar lugar ao pensamento divergente, com a paciência do observador e a leveza do artista. O advogado do diabo, por sua vez, entra em cena somente na fase de cruzamento, quando a bola da vez é do pensamento convergente. Em outras palavras, é essencial respeitar as etapas: impregnar-se, distanciar-se e cruzar. Competirá ao realizador transformar as ideias em ação.

1. DEFINIÇÃO DO PROBLEMA E IMPREGNAÇÃO

A primeira etapa é o momento de definir, de impregnar e compartilhar o problema com os elementos objetivos (mensuráveis), o contexto físico (tudo que está no entorno), o contexto humano (as pessoas envolvidas) e a coleta de dados (as informações disponíveis).

Uma vez formulados os aspectos racionais, resta se impregnar de maneira subjetiva (os aspectos intangíveis). Abaixo, alguns recursos.

a) Desenhar o problema: desenhos abstratos ou colagem com recortes de revista.

b) Responder às seguintes questões: quem, o quê, onde, como, por quê, quando.

c) Reformular ao infinito: você elenca alguns personagens que vão continuar divergindo e ampliando a radiografia. Personagens heroicos ou míticos, do sexo masculino ou feminino, uma criança, um senhor centenário, enfim, cada um deles deve considerar o problema segundo sua perspectiva e propor ideias personalizadas. Imaginemos que nosso problema/desafio é a ferramenta do e-mail. O que diria uma criança a esse respeito? Como a pessoa mais idosa do mundo enfrentaria, por exemplo, uma comunicação baseada simplesmente no meio eletrônico? E assim por diante.

d) Usar mapa mental ou árvores de ideias: o mapa mental é uma técnica de relação forçada que pode ser utilizada individualmente ou em grupo para geração de ideias, tanto na fase de impregnação quanto na de distanciamento. Bastam papel e canetas coloridas. Você coloca o problema no centro e cada pessoa vai contribuindo com associações, até ser criada uma rede de ideias de maneira espontânea e intuitiva. O mapa, por si só, pode fornecer sugestões instigantes, mas cada pessoa

FOCO E CRIATIVIDADE

pode, em seguida, escrever rapidamente um texto inspirado nas palavras aleatórias.

Vejamos abaixo um exemplo de mapa com a palavra central "e-mail" (lembre-se de usar cores diferentes, para estimular o lado direito do cérebro, ou seja, o da criatividade).

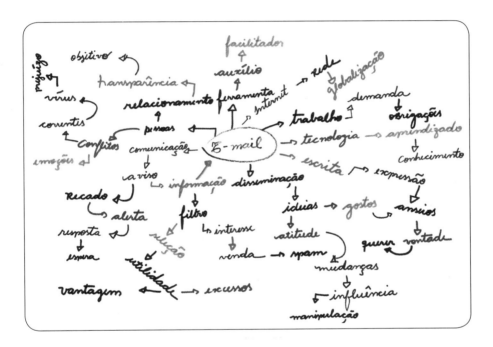

2. DISTANCIAMENTO

O objetivo, agora, é se distanciar do problema por meio do pensamento divergente. É a etapa suplementar, em que, lentamente, produzimos estímulos de ideias que servirão de base para a pesquisa.

A seguir, algumas técnicas que podem ser exploradas.

a) Técnica de relações forçadas: vamos imaginar que nosso problema/desafio continua sendo o e-mail. Você mistura e combina palavras ao acaso, das quais escolhemos as seguintes: rabanete, astronauta, pilão, frigideira.

Associando frigideira com e-mail, eu penso que as mensagens deveriam ter a função de aromatizar. Poderiam, inclusive, aquecer ou resfriar o ambiente. Se a mensagem fosse fria ou calorosa, nós já saberíamos de antemão o estado de espírito do nosso interlocutor. Ou, então, clicaríamos e apareceria uma frigideira com a imagem do teor da mensagem: omelete de abobrinhas (lixo eletrônico); omelete de aspargos (tom mais elegante); fritada (alguma cobrança); ovo poché (assunto em banho-maria); etc.

Associando rabanete com e-mail, eu penso que _____

Associando astronauta com e-mail, eu penso que _____

Associando pilão com e-mail, eu penso que _____

b) Técnica projetiva: para Guy Aznar (2005, p. 77), a família de técnicas projetivas é uma das mais importantes e ricas. O princípio é "se projetar no problema e projetar o problema sobre um suporte visual ou no mundo externo".

O mecanismo projetivo pode ser entendido como a capacidade de nos fundirmos com um problema, com um objeto, com uma paisagem etc. Lembro-me de uma experiência com Aznar, quando uma pessoa do grupo, de olhos fechados, em estado de relaxamento, como se estivesse num sonho, descrevia a experiência imaginária de viver na pele de uns óculos. Isso mesmo, ela relatava, com uma voz bem baixa, própria do estado de sonolência, as sensações e os sentimentos dos óculos. Nós que estávamos à sua volta anotávamos pistas ou divagações que poderiam ser exploradas em um segundo momento, mas também tínhamos o direito de intervir para aprofundar alguns aspectos.

Outra possibilidade é a de projetar imagens num telão ou usar imagens recortadas para serem visualizadas pelo grupo. Aznar enfatiza, em seus treinamentos, a importância de ter uma boa coleção de fotos, sobretudo abstratas ou figurativas, que são mais eficazes para evocar o livre curso da imaginação. Depois de um aquecimento, o problema vai sendo colocado de forma a suscitar um cruzamento: "Qual a relação do nosso artista com essa imagem? Vocês conseguem perceber a solução do nosso problema? Pois a solução está escondida aí nessa imagem. Vocês enxergam?"

Há uma infinidade de variações possíveis que podem ser utilizadas como suporte visual: recortes de revista, livros decorativos ou de arte, desenhos realizados pelos próprios participantes, entre outras.

Por fim, projetar-se no mundo externo requer que as pessoas saiam a campo em lugares insólitos, munidas de um caderno de anotações. É importante uma prévia impregnação para que as pessoas busquem associações entre o problema e a multiplicidade de estímulos externos. O cruzamento deve acontecer logo que o grupo voltar, aproveitando sua empolgação.

Lembro-me de uma experiência ocorrida aqui na Casa da Comunicação. Nosso problema era criar ações/melhorias de comunicação interna. Na hora do almoço, os participantes aproveitavam para explorar o bairro do Bixiga, conhecido por suas cantinas italianas. Saíam à caça de pistas que incrementassem o processo criativo.

Um grupo fez sugestões. Recordo-me de algumas até hoje: organizar cafés da manhã com temas de comidas regionais (café mineiro, baiano), possibilitando que as pessoas compartilhassem sua origem; e cafés internacionais, divulgando a ascendência e as raízes culturais dos colaboradores. Por exemplo: num mês, os filhos de japoneses se encarregavam de organizar um encontro; no mês seguinte, seria a vez dos descendentes de espanhóis, e assim por diante. A ideia era falar um pouco sobre a riqueza das diversas influências, gerando integração intra e interdepartamental.

c) Técnica de bombardeio ao problema: a proposta agora é romper os conceitos habituais por meio de alguns verbos, como: diminuir, aumentar, explodir, apertar, dilatar, engordar, contradizer, economizar etc. Continuemos com o desafio de melhorar a comunicação por e-mail. Ao *diminuir* o e-mail, as pessoas se comunicariam por monossílabos, onomatopeias, imagens. Ao *aumentá-lo*, ninguém mais conversaria pessoalmente e tudo seria dito por meio das mensagens eletrônicas. Ao receber a mensagem, inclusive, você ouviria a pessoa falando com você e poderia, ao mesmo tempo, ver sua imagem. Ao *economizá-lo*, você jamais escreveria para alguém de sua equipe, com quem privilegiaria a conversa...

FOCO E CRIATIVIDADE

3. CRUZAMENTO

O intuito, até agora, foi explorar o imaginário e cessar o julgamento e a pressa por soluções precipitadas. Chegou a vez do pensamento convergente. Como num escâner, engendrar uma relação entre o problema e as ideias geradas. Conforme mencionado, trata-se de aproximar-se, lentamente, do real. Por etapas, portanto.

Um grupo, por exemplo, pode se encarregar de fazer o levantamento das experiências anteriores. Ele aprimora as respostas e continua a pesquisa de ideias. O processo criativo ainda atua de modo complementar e enriquecedor.

Um segundo grupo é encarregado de cruzar os dados e aproximar os resultados da realidade. O processo segue até que o advogado do diabo encontre soluções realistas.

REUNIÕES CRIATIVAS

A FIM DE EVITAR DISCUSSÕES improdutivas e de gerar soluções alternativas, é conveniente privilegiar, a princípio, o pensamento divergente. Ainda segundo Guy Aznar (2005, p. 30), "se não deixamos espaço para a divergência aflorar, se não deixamos espaço para que ela respire porque estamos tão ansiosos que queremos julgar em seguida, a criatividade não tem espaço vital para aparecer".

Desse modo, as ideias colocadas à mesa devem ampliar o leque de possibilidades e estimular a produção contínua e crescente de associações espontâneas. Para tanto, é necessário um esforço conjunto no sentido de suspender os julgamentos imediatos e automáticos.

É muito comum, durante as reuniões, que as ideias sejam ignoradas [...]. "Isso não vai dar certo"; "Isso nós já tentamos"; "Os custos inviabilizam". O grande desafio é incentivar a produção de ideias – ainda que vagas ou nebulosas. E, somente em uma segunda fase, colocar os pés no

109

chão, introduzindo o senso crítico como apoio para encontrar a melhor solução. Portanto, observe sua atitude para não abortar as ideias com críticas prematuras. (Di Nizo, 2007a, p. 48-9)

Recomendo, portanto, que se destine um tempo para o exercício imaginativo. Ao evitar que as pessoas se aferrem às opiniões, é possível ganhar em flexibilidade e, sobretudo, aprender a pesquisar ideias coletivamente.

A seguir, algumas técnicas que podem contribuir para a condução de reuniões mais produtivas. Selecionei duas ferramentas desenvolvidas por Edward de Bono ("Os seis chapéus" e "PNI") e duas variáveis do *brainstorming* de Alex Osborn ("*Brainstorming* negativo" e "*Brainwriting pool*").

OS SEIS CHAPÉUS, DE EDWARD DE BONO

Uma reunião pode ser mais rápida e eficiente ao se usufruir, por exemplo, do sistema de pensamento paralelo, distinto do tradicional sistema de raciocínio. Diferentemente da tempestade de ideias, que estimula sua produção enlouquecida, e das técnicas de desvio, apresentadas no bloco anterior, que se utilizam de estruturas inconscientes, o método de Bono é um processo consciente. Ele é estimulado por provocações aleatórias, dentro de um quadro preciso e controlado por códigos.

A técnica dos chapéus permite romper as polarizações tão comuns: há sempre uma pessoa que enxerga pelo em ovo, outra que é entusiasta e defende suas ideias com fervor, aquela que é mais positiva e conciliadora, sem falar naquelas naturalmente criativas ou nas que pouco se expressam.

A proposta é abrir mão de suas respostas habituais e usar um chapéu para cada modo de ver a situação. Nas palavras de Bono, "o coração do pensamento lateral está na possibilidade de mudar a qualquer momento a própria posição e a dos outros, para observar como ficam as coisas vistas de ângulo diferente. Em outras palavras, todos olham na mesma direção, alternadamente" (in Júlio e Salibi Neto, 2001, p. 128).

Os chapéus podem ser representados por cartelas de cores diversas, colocadas no centro da reunião. Cada cor exprime um ponto de vista, e há seis papéis a desempenhar, ou seis tipos de pensadores. Como consequência, durante a discussão a atenção vai divergir em perspectivas diferentes, com cada participante trocando de cartela (ou chapéu) quando quiser.

Desse modo, os participantes da reunião exercitam as distintas facetas, dando riqueza ao processo constante de metamorfose de opiniões/ideias.

Vejamos a seguir as cores dos chapéus e suas respectivas funções.

Branco: informação e neutralidade. O branco se preocupa com fatos objetivos e se expressa de maneira lógica e desapaixonada. Sua função é inventariar as informações disponíveis, muito mais do que contribuir com ideias.

Vermelho: emoções, sentimentos e intuição. Ele devolve a perspectiva emocional de uma circunstância, dando-se o direito de pressupor qualquer coisa, sem necessidade de justificativas ou explicações. Exemplos de frases típicas: "Estou convicto de que...", "Eu não gosto...", "Intuo que...", "Isso me dá vontade de..."

Preto: pensamento prudente e negativo. O chapéu preto é sempre lógico, apontando os riscos, o que é incorreto, equivocado ou proibido. É negativista, mas não emocional. Corresponde ao julgamento crítico que tenta evitar os erros: "Objetivamente, nós não temos condições de..." (evitar usar a frase em demasia).

Amarelo: otimismo, visão positiva, construtiva. Esperançoso (ao contrário do chapéu preto), está sempre empolgado, explorando oportunidades e buscando um jeito de fazer as coisas deslancharem. Ele vai trazer à tona as velhas boas ideias. Ele próprio, entretanto, não é criativo. Seu papel é ver o lado bom das coisas, transformando as críticas em propostas positivas. É procurar o benefício das ideias, contribuindo com propostas concretas e sugestões.

Verde: esforço criativo, novas ideias e novas formas de ver as coisas. Ele trata de mudanças, de novas soluções e propostas inéditas. Em suma, representa a novidade, as soluções alternativas que favoreçam a provocação criativa, o movimento. "E se procurássemos mais ideias?" Sua função é encontrar alternativas, ir além do conhecido, do óbvio e do satisfatório.

Azul: organização e controle do processo de pesquisa de ideias. Fixa a ordem do dia, o plano de ação, assegura o cumprimento dos prazos, demanda resumos e sínteses. Estabelece começo, meio e fim, além de evitar o caos durante a reunião. É também dele a responsabilidade de fazer o resumo final e preparar o relatório.

Observação: o grupo pode aprofundar algum aspecto, colocando o mesmo chapéu. Às vezes, por exemplo, é importante aprofundar as características negativas a fim de aprimorar a ideia. Então, todos podem usar e abusar da crítica para depois positivá-la com o chapéu amarelo ou verde.

PNI (POSITIVO, NEGATIVO E INTERESSANTE)

As pessoas costumam enxergar uma ideia e emitir um juízo de valor baseadas em sua ótica pessoal (crenças, valores, emoções etc.). A riqueza do PNI é, justamente, analisar e explorar tanto os aspectos positivos e negativos quanto os interessantes. A grandeza está em investigar cada um desses aspectos com o intuito de enriquecer o processo.

Alguém faz uma proposta e, antes de vetá-la ou aprová-la com discussões improdutivas, a sugestão é submetê-la ao PNI, em três etapas.

- Levantamento de aspectos positivos: relacionar os aspectos positivos, enaltecendo os pontos fortes que podem ser aprimorados ou reutilizados em novas ideias.

- Levantamento de aspectos negativos: fazer uma lista dos pontos fracos que serão minimizados ou neutralizados, com a finalidade de positivar cada crítica. O raciocínio é mais ou menos o seguinte: o que pode dar errado nessa ideia? O que pode ser feito para prevenir eventuais erros de percurso? Como torná-la melhor?
- Levantamento de aspectos interessantes: estabelecer todos os pontos interessantes, ensejando uma exploração minuciosa, independentemente da aceitação ou da rejeição da ideia. É hora de pensar com criatividade e sondar possibilidades complementares.

Uma vez realizado o processo, é muito mais fácil decidir por sua implementação ou não. Mesmo porque os possíveis desvios de rota já foram analisados e a ideia ganhou em consistência. Ainda assim, caso a sugestão final não reverbere no grupo, está claro que vale a pena continuar a pesquisar novas e melhores alternativas, talvez com outras técnicas.

O VELHO E BOM *BRAINSTORMING*, DE ALEX OSBORN

Trata-se de um método simples que é, sem dúvida, o mais usual. Não obstante, faço eco a Guy Aznar (2005, p. 122) quando fala de sua banalização: virou "não importa o que durante cinco minutos". É preciso tempo e dedicação para extrair o melhor de cada ferramenta.

Vejamos algumas premissas básicas:
- suspender o julgamento (nada de críticas);
- todas as ideias são bem-vindas (quanto mais disparatadas melhor);
- procurar a quantidade (e não a qualidade);
- o lema é associação livre de ideias.

A seguir, duas variantes dessa técnica: o *brainstorming* negativo e o *brainwriting pool*.

Brainstorming negativo

Dividir os participantes em dois subgrupos. Eles devem proceder a três etapas.

Cada participante gera três ideias e passa para o vizinho, que complementa a lista de sugestões.

Em seguida, a lista é submetida a uma crítica. O foco é relacionar aspectos negativos, pontos fracos, enfim, tudo que pode dar errado, acarretando seu fracasso.

Por fim, os subgrupos trocam as listas. A proposta agora é positivar as ideias negativas do outro grupo. O que é preciso para que a ideia seja um sucesso? Cada aspecto negativo enseja alguma ideia positiva.

Brainwriting pool

Esta técnica é indicada quando a equipe tem um problema e quer apresentar uma quantidade razoável de soluções. Uma vez determinado o problema e compartilhadas as informações pertinentes, cada participante escreve, em uma folha de papel, uma lista com o maior número de soluções possíveis.

Quando as ideias esgotarem, cada um coloca sua folha no centro da mesa e escolhe, ao acaso, uma folha já respondida por outra pessoa. Após a leitura do que foi registrado por alguém, que atuará como fonte de inspiração, incorporam-se novas possibilidades. Em seguida, a equipe deve ler atentamente as sugestões de todos, eliminando as repetidas e reescrevendo as que julgar necessário.

COMUNICAÇÃO CRIATIVA POR E-MAIL

A EXPRESSÃO ADEQUADA e assertiva é um diferencial na rede de relacionamentos. Da mesma forma, a riqueza de vocabulário, de síntese e de cultura influencia nossa credibilidade. Aliás, a simplicidade e a desenvoltura textual, decorrentes da criatividade, denotam domínio da língua. Nada como uma mensagem breve e elegante, carregada de espontaneidade e originalidade.

CRIATIVIDADE NO RELACIONAMENTO INTERPESSOAL

DUAS CABEÇAS PENSAM MELHOR QUE UMA. Conviver exige espírito inovador para experimentar e construir relacionamentos. É primordial, portanto, cultivar um ambiente descontraído e seguro onde as pessoas exercitem seu potencial criativo, sintam-se livres para colocar a mente à vontade e, alimentando-a de estímulos, sejam instigadas a desenvolver o aprendizado e a compartilhar o sentimento de eureca.

Significa, igualmente, aceitar o confronto, estando disponível para o encontro, para o dar e o receber contínuos, para o ato criativo que, nas palavras de Domenico De Masi (2002, p. 481), é "um processo que põe a pessoa em relação ao seu mundo".

O que acontece, na realidade, está muitas vezes distante do ideal, o que não deve nos impedir de persegui-lo, mas sim nos impulsionar. Como em qualquer atividade, isso demanda tenacidade e constância. Acima de tudo, participação criativa e paixão pelo diverso.

Estamos cercados de rápidas mudanças e lentas transformações, de tentativas abortadas e golpes de sorte, de rotas e planejamentos cronometrados, mas também do extraordinário e do casual; de miopias, mas de empenho em levar a termo soluções idealizadas.

O que nos importava há alguns anos perdeu o sentido. Outros valores vão se esgueirando e deparamos com a busca peculiar de significados. Enquanto evoluímos, nos metamorfoseamos e impregnamos o entorno com nossas descobertas. Os destemperos nos renovam porque nos transformam. O mundo nos influencia, as pessoas nos apontam novas direções e nos forçam a uma interação afetiva recíproca.

Correndo com as pernas da revolução tecnológica, é preciso converter o alienamento em motivação para colaborar criativamente. Em suma, resgatar a dimensão criativa de nossas relações – dedicar tempo aos relacionamentos, a conhecer as pessoas, a partilhar nossas histórias e nossa surpreendente criatividade.

REFLEXÃO

O QUE DEVE NOS IMPULSIONAR é a atitude de qualidade. Sem foco, os esforços se dissipam; sem inovação, o homem se esvai, perde sua razão de ser. Ao traduzir ideias em atividade inteligente e criativa, é possível converter as inovações, com agilidade e precisão, em novos e melhores negócios, bens comuns. Ao contribuir com o processo de transformação e se engajar nele, o homem cria relações significativas de parceria, engrandece e se humaniza.

"Menos é mais" quando se avivam os valores que dão sentido à nossa cultura plural. Despojar-se dos excessos, dos artificialismos e rococós. Desaprender para se reinventar. Estar disponível ao *vir a ser*, em constante mutação.

Percorrer as imprevisíveis direções, deixando espaço para o novo, receber as ideias sem preconceitos, maturar a transição para uma nova forma de pensar e atuar. Sacudir o conhecimento, juntar experiências diversas, atirando-se, muitas vezes, no abismo das incertezas, e descobrir extasiado a terra fértil e indelével do próprio gênio criador.

Divido com você minha peregrinação que se reconstrói a cada dia. E, sobretudo, minha esperança renovada de que o rio da criatividade possa se impregnar nas escolas e nos lares, invadir as organizações, permear as instituições e as ONGs, dando foco à nossa caminhada: honrar nossa singularidade plural e criar uma sociedade mais solidária.

REFERÊNCIAS BIBLIOGRÁFICAS

ADIZES, ICHAK. "É preciso mudar antes". *HSM Management*, Barueri, n. 11, nov./dez. 1998, p. 64-8. Disponível em: <http://br.hsmglobal.com/adjuntos/14/documentos/000/060/0000060343.pdf>. Acesso em abr. 2009.

ALVES, RUBEM. "É preciso aprender a brincar". *Folha de S.Paulo*, 31 ago. 2005. Disponível em: <http://www1.folha.uol.com.br/folha/sinapse/ult1063u896.shtml>. Acesso em abr. 2009.

ARTONI, Camila. "Mentes que brilham". *Galileu*, São Paulo, Globo, n. 159, out. 2004.

ATTESHLIS, Stylianos. *A prática esotérica – Meditações cristãs e exercícios*. São Paulo: Ground, 1994.

AZNAR, Guy. *Idées – 100 techniques de créativité pour les produire e les gérer*. Paris: Éditions d'Organisation, 2005.

CORNEAU, Guy. *Le meilleur de soi*. Paris: Éditions Robert Laffont, 2007.

DE BONO, Edward. *Os seis chapéus do pensamento*. Rio de Janeiro: Ediouro, 1996.

DE MASI, Domenico. *Criatividade e grupos criativos*. Rio de Janeiro: Sextante, 2002.

_____. *O ócio criativo*. Rio de Janeiro: Sextante, 2000.

DI NIZO, Renata. *A educação do querer – Ferramentas para o autoconhecimento e a autoexpressão*. São Paulo: Ágora, 2007a.

_____. *Escrita criativa – O prazer da linguagem*. São Paulo: Summus, 2008.

_____. *O meu, o seu, o nosso querer – Ferramentas para a comunicação interpessoal*. São Paulo: Ágora, 2007b.

DRUMMOND DE ANDRADE, Carlos; SABINO, Fernando; CAMPOS, Paulo Mendes; BRAGA, Rubem. *Para gostar de ler, v. 5 – Crônicas*. São Paulo: Ática, 1992.

GOLEMAN, Daniel; KAUFMAN, Paul; RAY, Michael. *O espírito criativo*. São Paulo: Cultrix, 1992.

JÚLIO, Carlos Alberto; SALIBI NETO, José (orgs.). *Inovação e mudança – Autores e conceitos imprescindíveis*. São Paulo: Publifolha, 2001.

KALIL, Gloria. *Chic[érrimo] – Moda e etiqueta em novo regime*. São Paulo: Conex, 2004.

MIRSHAWKA, Victor. *Qualidade da criatividade*. São Paulo: DVS, 2003. 2 v.

O'DONNELL, Ken. *Valores humanos no trabalho*. São Paulo: Gente, 2006.

"OITO dicas contra reuniões improdutivas". *Cio*, 8 out. 2007. Disponível em: <http://cio.uol.com.br/carreira/2007/10/08/idgnoticia.2007-10-08.5072543221>. Acesso em abr. 2009.

OSBORN, Alex F. *O poder criador da mente*. São Paulo: Ibrasa, 1981.

PEREIRA JUNIOR, Luiz Costa. "As técnicas retóricas de Obama". *Língua Portuguesa*, São Paulo, Segmento, ano III, n. 38, dez. 2008, p. 31. Disponível em: <http://revistalingua.uol.com.br/textos.asp?codigo=11646>. Acesso em abr. 2009.

PREDEBON, José. *Criatividade – Abrindo o lado inovador da mente*. São Paulo: Atlas, 2003.

QUINN, Robert E.; FAERMAN, Sue R.; THOMPSON, Michael P.; MCGRATH, Michael. *Competências gerenciais – Princípios e aplicações*. Rio de Janeiro: Elsevier, 2003.

ROGELBERG, Steven G.; LEACH, Desmond J.; WARR, Peter B.; BURNFIELD, Jennifer L. "'Not another meeting!' Are meeting time demands related to employee well-being?" *Journal of Applied Psychology*, Washington, v. 91, n. 1, p. 83-96, jan. 2006.

SALEM, Jezebel. "Economês está em alta". *Língua Portuguesa*, São Paulo, Segmento, ano III, n. 34, ago. 2008, p. 26. Disponível em: <http://revistalingua.uol.com.br/textos.asp?codigo=11580>. Acesso em abr. 2009.

SCHWARTZMAN, Michel Lent. "Afogado em mails". *Webinsider*, 27 jan. 2003. Disponível em: <http://webinsider.uol.com.br/index.php/2003/01/27/afogado-em-mails/>. Acesso em abr. 2009.

SORIANO DE ALENCAR, Eunice. *O processo da criatividade – Produção de idéias e técnicas criativas*. São Paulo: Makron Books, 2000.

TARANTINO, Mônica. "O despertar da criatividade". *IstoÉ*, São Paulo, Três, ano 31, n. 2.038, 21 nov. 2008. Disponível em: <http://www.terra.com.br/istoe/edicoes/2038/artigo117172-1.htm>. Acesso em abr. 2009.

TEIXEIRA DA SILVA, Antonio Carlos. *Inovação – Como criar idéias que geram resultados*. Rio de Janeiro: Qualitymark, 2004.

TICHY, Noel M.; COHEN, Eli. *O motor da liderança – Como as empresas vencedoras formam líderes em cada nível da organização*. São Paulo: Educator, 1999.

VON OECH, Roger. *Um chute na rotina*. São Paulo: Editora de Cultura, 1994.

_____. *Um "TOC" na cuca – Técnicas para quem quer ter mais criatividade na vida*. São Paulo: Editora de Cultura, 1995.

...